O Realismo Maravilhoso

Coleção Debates
Dirigida por J. Guinsburg

Equipe de Realização – Produção: Ricardo W. Neves, Sergio Kon e Lia
N. Marques..

irlemar chiampi
O REALISMO MARAVILHOSO

FORMA E IDEOLOGIA
NO ROMANCE AMERICANO

PERSPECTIVA

Dados Internacionais de Catalogação na Publicação (CIP)
(Câmara Brasileira do Livro, SP, Brasil)

Chiampi, Irlemar
    O realismo maravilhoso : forma e ideologia no roman-
ce hispano-americano / Irlemar Chiampi. -- São Paulo :
Perspectiva, 2015. -- (Coleção debates ; 160 / dirigida por J.
Guinsburg)

    2. reimpr. da 2 ed. de 2008
    Bibliografia.
    ISBN 978-85-273-0376-7

    1. Ficção hispano-americana - Século 20 - História e
crítica 2. Realismo mágico (Literatura) I. Guinsburg, J.. II.
Título. III. Série.

07-9592   CDD-863.00998

Índices para catálogo sistemático:
1. Realismo maravilhoso : Literatura hispano-americana :
História e crítica   863.00998

2ª edição – 2ª reimpressão
[PPD]

Direitos reservados à

EDITORA PERSPECTIVA S.A.

Av. Brigadeiro Luís Antônio, 3025
01401-000 São Paulo SP Brasil
Telefax: (11) 3885-8388
www.editoraperspectiva.com.br

2020

SUMÁRIO

APRESENTAÇÃO – *Emir Rodríguez Monegal* 9

I. AVATARES DE UM CONCEITO

   1. O "Realismo Mágico". 19

   2. O Real Maravilhoso Americano 31

II. PARA UMA TEORIA DO REALISMO MARAVILHOSO

   3. O Mágico e o Maravilhoso 43

   4. As Relações Pragmáticas no Realismo Maravilhoso . 51

      4.1. *O efeito de encantamento no discurso* 52

      4.2. *A enunciação problematizada* 71

         4.2.1. Da diégese à metadiégese 73

         4.2.2. O barroquismo descritivo 84

5. As Relações Semânticas no Realismo Maravilhoso 89
   5.1. *O referente extralingüístico da narrativa* ... 91
   5.2. *O discurso ideológico sobre a América*..... 96
      5.2.1. As origens cronísticas 98
      5.2.2. A neo-utopia ilustrada 102
      5.2.3. Civilização *vs.* barbárie 105
      5.2.4. América, latina ou mestiça? 112
      5.2.5. Europeísmo *vs.* indigenismo........ 115
      5.2.6. A mestiçagem cultural 123
6. A Forma Discursiva do Realismo Maravilhoso.. 135
7. A Poética da Homologia 157
   7.1. *A homologia das relações textuais* 157
   7.2. *A homologia formal na narrativa* 160
   7.3. *Em busca do verossímil* 164
BIBLIOGRAFIA............................ 173

Para a
Maria Eugênia

APRESENTAÇÃO

Tem-se denunciado repetidamente — inclusive em termos urgentes — a distância abismal que existe entre o discurso crítico e o extraordinário desenvolvimento da narrativa hispano-americana nestes últimos cinqüenta anos. Pouco em qualidade e rigor se tem escrito sobre a renovação que à narrativa da América Latina trouxeram as ficções de Borges, os contos e romances de Carpentier, Asturias, Onetti e Lezama Lima, para mencionar apenas aos mestres dessa renovação. Somente nos últimos dez ou doze anos, uma crítica jovem foi capaz de ler os seus textos, e os dos seus não menos experimentais continuadores, com algo mais que a limitada intenção de nelas reconhecer a realidade americana, ou que o inquisitorial propósito de denunciar supostas alienações.

Quase toda a crítica que se qualificou de parricida na Argentina dos anos cinqüenta dedicou seu esforço para provar que Borges era um escritor "bizantino", sem esclarecer suficientemente que essa fórmula fora inventada na França por Julien Benda para acusar Proust, Gide e outros mestres, da queda da França em 1940. Essa crítica serviu apenas para documentar a inocência com que esses jovens de então manejavam conceitos mal aprendidos em Lukács, Goldmann e Sartre. De modo similar, narradores mais recentes (Cortázar, Bioy Casares, Rulfo, Arguedas) e outros mais novos ainda (Donoso, Fuentes, García Márquez, Cabrera Infante, Puig, Vargas Llosa, Sarduy) têm sido fatigados por uma crítica ocupada em ler quase exclusivamente o "conteúdo" das suas obras e a submetê-los a camisas de força que, se se ajustam em Rulfo e García Márquez (estão do "lado bom"), apertam em Sarduy e Puig (são os "maus"). Inútil assinalar que, do ponto de vista da poética da narrativa, todos vestem o mesmo traje.

Essa crítica conteudística e pseudo-ideológica (digo pseudo, porque nunca estuda a ideologia do texto, mas sim, e abusivamente, a do autor) medra, como é sabido, em periódicos e sociedades de escritores, em congressos e simpósios, em edições oficiais de países de qualquer convicção política. Essa crítica é responsável de que se tenha afirmado, até pateticamente, que não há crítica na América Hispânica.

Há sim, houve e haverá, mas não sempre onde se costuma buscá-la. O que muitas vezes se esquece é que existiu uma crítica paralela ao próprio desenvolvimento do romance hispano-americano. Essa crítica é o produto dos próprios narradores e cai na categoria do que Eliot qualificou de "crítica de praticantes". Ao mesmo tempo que escrevia as suas ficções, Borges adiantava em artigos e ensaios os fundamentos de uma poética da narração que permitiria — muito mais tarde — a leitura plural dos seus textos. O mesmo fizeram Onetti (em notas dispersas de *Marcha* e no próprio relato inaugural do seu mundo fictício, *El pozo*, 1939), Alejo Carpentier (no tão freqüentado prólogo a *El reino de este mundo*, 1949) ou Miguel Ángel Asturias (em artigos e declarações jornalísticas). Entre os mais jovens, Donoso e Fuentes desenvolveram paralelamente à sua obra de ficção uma contínua crítica periodística e são os autores de dois livrinhos sobre a nova narrativa; Cabrera Infante, Sarduy e Vargas Llosa têm exercido incessantemente a crítica para adiantar perspectivas que favoreceram a leitura de suas respectivas obras.

Essa crítica paralela foi, muitas vezes, ouvida e até seguida pela crítica profissional. Aproveitada mais ou menos bem por uns e outros, chegou a fomentar alguns lugares-comuns do discurso sobre o romance hispano-americano: o realismo mágico, o real maravilhoso americano, a literatura fantástica, o barroco e o neobarroco. Poucas vezes, porém, foram essas fórmulas analisadas a fundo. Na maior parte dos casos, o crítico, mimetizado por uma admirável fusão de crítica e ficção que oferecem esses autores, tem se limitado a repetir docilmente as fórmulas sem submetê-las a análises ulteriores, sem considerar (sequer) se eram realmente aplicáveis à própria obra do escritor que as propusera.

Um dos exemplos mais flagrantes dessa mimese crítica é o caso do "real maravilhoso americano". Atrás de Carpentier, críticos, e até ficcionistas, puseram-se a louvar a maravilha da América sem reparar que o maravilhoso é um conceito literário europeu; que foram os descobridores e conquistadores, os que o aplicaram primeiro à América para documentar sua estranheza de forasteiros diante de uma realidade exótica; e que já tinha sido aplicado (com a mesma intenção retórica) ao mundo das novelas de cavalaria, à Grécia clássica dos deuses pagãos, à China de Marco Polo. Poucos viram o erro de Carpentier ao atribuir um conceito cultural (o maravilhoso) a uma realidade específica.

Notórios têm sido, também, os esforços dos que pretenderam aplicar os conceitos de realismo mágico à obra de Jorge Luis Borges. Prescindindo da circunstância de que o próprio escritor (como antes, Flaubert) se negara a aceitar a fórmula do realismo para qualificar suas ficções dos anos trinta e quarenta, os colocadores de etiquetas empenharam-se em cortar e recortar seus ambíguos textos para fazê-los caber no leito de Procusto de um realismo superado, por mais magias que se lhe somassem. Igualmente estéreis resultaram os esforços dos que, seguindo fielmente a Borges em seus ensaios, trataram de superar as contradições de seu vocabulário crítico para formular uma teoria coerente da literatura fantástica. É sabido que no texto mais importante de Borges sobre essa questão ("El arte narrativo y la magia", *Discusión*, 1932) não é usado o termo "fantástico" – denominação que só aparece mais tarde em sua obra como título de uma antologia que compila e publica em 1940, com a assistência de Bioy Casares e Silvina Ocampo. Posso falar com autoridade dessas confusões da nomenclatura borgiana porque eu mesmo fui vítima delas em meus primeiros trabalhos sobre o tema.

Por melhor intencionados que tenham sido estes esforços para situar a nova narrativa hispano-americana no contexto da crítica produzida pelos próprios autores, a tarefa realizada por professores e críticos tem sido, em geral, bastante supérflua. Há exceções, e todos as conhecemos, mas a maioria dos trabalhos mais ou menos teóricos sobre o tema padecem a falta de leituras e a inocência teórica. Felizmente nestes últimos anos, a difusão massiva na América Hispânica das teorias dos formalistas russos, do *New Criticism* norte-americano, e do estruturalismo e da semiologia franceses permitiu o aparecimento de um novo grupo de críticos que sabem aplicar à nova narrativa os conceitos elaborados na Europa e nos Estados Unidos e que os *provaram* na aplicação direta aos textos de nosso continente.

Aos trabalhos pioneiros de Chklovski, Tynianov, Eichenbaum; às novas aberturas de Bakhtin e seu círculo (se é que o círculo não passa de um espelho do mestre); às teorias elaboradas por Kayser e Warren, por Wayne Booth ou Northrop Frye, somaram-se mais recentemente os estudos de Barthes e Genette, de Todorov e Julia Kristeva, de Ph. Hamon, Bremond e Greimas. Clássicos como Vladimir Propp foram minuciosamente estudados e aplicados, enquanto a antropologia de Lévi-Strauss, a psicanálise de Lacan, o pensamento filosófico de Foucault, de Derrida e Deleuze, convertiam-se em eficazes instrumentos para superar a tendência ideológica das fórmulas até então usadas. Novos enfoques marxistas — as teorias de Jauss e do seu grupo sobre a estética da recepção, uma reestruturação da teoria da paródia que vai além de Bakhtin, os trabalhos da escola de Lotman que renovaram a semiótica soviética — permitiram e permitirão a leitura da nova narrativa hispano-americana com um rigor que parecia impossível alcançar nos anos escuros, verdadeira Idade Média da *intelligentsia* latino-americana, dos quarenta, cinqüenta e sessenta.

A essa nova geração da crítica hispano-americana pertence *O realismo maravilhoso*. Sua autora, a Professora Irlemar Chiampi, doutorou-se pela Universidade de São Paulo, um dos centros mais importantes da teoria literária da nossa América. Inspirada no trabalho ímpar de Haroldo de Campos, a Professora Irlemar encontrou neste, um modelo de rigor e de invenção crítica para seus próprios estudos. Em sua *Morfologia do Macunaíma*, 1974, Campos descodificou a estrutura narrativa da polifábula de Mário de Andrade, aplicando com originalidade as teorias de Propp sobre o conto maravilhoso russo. Na mesma linha, a Professora Irlemar, estudou o romance *Los pasos perdidos* de Alejo Carpentier, em tese ainda inédita. Sua aplicação das teorias de Propp a essa obra permitiu-lhe não só revelar a estrutura mítica do texto, mas também ilustrar com um exemplo deslumbrante esse realismo maravilhoso, do qual tantos falaram vagamente.

Uma teoria da narrativa, apoiada na melhor crítica do momento, sustenta sua análise que não se limita certamente ao romance de Carpentier. Na verdade, em sua tese, a Professora Irlemar desenvolveu paralelamente dois trabalhos. Por um lado, em nível teórico, chegou a uma definição viável do realismo maravilhoso; por outro, demonstrou com incrível minúcia, essa teoria no texto paradigmático de *Los pasos perdidos*. Agora se publica somente a primeira parte, a teórica, dessa dupla investigação. Por si só essa parte constitui uma contribuição importantíssima ao estudo da nova narrativa hispano-americana.

Com rigor e erudição, a Professora Irlemar examina em detalhe as diferentes questões propostas para explicar a nova narrativa. Do "realismo mágico" – proposto inicialmente por Uslar Pietri em seu famoso texto de 1948 e elaborado, ou desfigurado, posteriormente pelos Professores Angel Flores (1954) e Luis Leal (1967) – passando pelo "real maravilhoso americano" que Carpentier inventa em 1948/49, até as iluminações borgianas sobre a literatura fantástica dos anos quarenta: cada uma dessas teorias é desarticulada, examinada e criticada, não só do ponto de vista proposto pelo autor da mesma, mas do ponto de vista de uma teoria atual do relato. Deste modo, a Professora Irlemar, consegue demonstrar a série de confusões que encerra a fórmula "realismo mágico", bem como consegue separar na fórmula de Carpentier o que é viável (um conceito cultural sobre a América), do que é inaceitável (a atribuição dessa maravilha ao real americano). Em sua análise da literatura fantástica, tal como a propõe e a pratica Borges, não só aplica de modo original os conceitos imperfeitamente elaborados por Todorov e Irène Bessière, como consegue demonstrar que o fantástico de Borges não coincide (apesar do que possa crer o escritor argentino) com o conceito tradicional e necessita outra formulação.

O resultado dessa rigorosa análise é uma nova proposta que permite distinguir com precisão, e em todos os níveis do discurso narrativo, entre o realismo, o maravilhoso, o fantástico e o realismo maravilhoso. Apesar de que por este enfoque o trabalho da Professora Irlemar possa situar-se rigorosamente no campo da poética, sua visão da literatura hispano-americana não prescinde em absoluto do ideológico. Ao contrário, ao demonstrar que o realismo maravilhoso implica, precisamente, uma ideologia da América, seu estudo desloca-se para o contexto exato dessa inquisição da identidade americana. Um capítulo inteiro está dedicado a estudar em síntese, mas com grande latitude, o discurso sobre a América, desde os primeiros textos dos descobridores até os dos ensaístas contemporâneos. Deste modo, interseccionam-se a teoria da nova narrativa hispano-americana com a prática do discurso crítico sobre a América. Fica então evidente, que à Professora Irlemar não interessa definir o realismo maravilhoso apenas como um movimento, ou escola de um dado momento das letras hispano-americanas, mas como um tipo de discurso que permite determinar as coordenadas de uma cultura, de uma sociedade, de uma linguagem hispano-americanas. Visto

13

assim, sua análise configura uma tipologia do discurso narrativo do nosso universo cultural que pode ser aplicado a outros discursos de outras épocas dentro da nossa história literária.

A perspectiva que oferece este livro enriquece consideravelmente o diálogo crítico. Não só contribui a eliminar o que havia de morto (clichês, fórmulas vazias, teorias inoperantes), mas instaura um espaço de discussão e exemplifica um método de trabalho extensivo a novas elaborações. Complementariamente, e à margem de uma investigação como esta, é possível pensar a sua tipologia do discurso narrativo no contexto de uma pesquisa sobre a historiografia literária da América Hispânica — tema que vem preocupando seriamente a alguns críticos (como Cedomil Goic). Aproveitar-se-iam então o rigor teórico e as análises apresentadas de textos para estabelecer corretamente as séries literárias reais (que não correspondem sempre às dos modelos europeus) e para determinar, ainda, um cânon da narrativa hispano-americana, enfocada em seu percurso diacrônico. Também seria possível utilizar o contributo deste livro para a teoria da narrativa, num estudo de certas modalidades de discurso (como a paródia) que em sua aplicação às letras latino-americanas se revelaram tão profundas para superar o colonialismo cultural. A obra magistral dos modernistas brasileiros, inventores da antropofagia, a teoria e a prática de Borges, Lezama Lima, Guimarães Rosa, García Márquez, Cabrera Infante, Haroldo de Campos, Severo Sarduy e Manuel Puig, bastariam para provar que a modalidade paródica constitui uma chave para o acesso a uma leitura realmente plural do texto do romance latino-americano. Para esta tarefa atual e futura, as precisões teóricas e as iluminações críticas que a Professora Irlemar oferece em seu livro sobre a poética do realismo maravilhoso constituem decisiva contribuição.

EMIR RODRÍGUEZ MONEGAL
YALE UNIVERSITY

Este livro foi originalmente parte da tese de doutoramento que defendi, em maio de 1976, na Faculdade de Filosofia, Letras e Ciências Humanas na Universidade de São Paulo, onde ensino e aprendo a literatura hispano-americana desde 1967. Às sugestões oriundas das leituras de José Carlos Garbuglio (orientador), Leyla Perrone-Moisés, Julio García Morejón, Telê Ancona Lopez e Rolando Morel Pinto (examinadores), devo o estímulo para ampliar o enfoque crítico daquela primeira versão.

Às apreciações criteriosas de Haroldo de Campos devo importantes decisões sobre o percurso semiológico da narrativa apresentado neste trabalho.

Agradeço, igualmente, aos colegas do curso de Espanhol, em especial ao Mario Miguel González, que padeceram a dupla elaboração da tese e do livro. Ao mestre Emir Rodríguez Monegal agradeço as sucessivas releituras, a avalancha bibliográfica e o desafio para invadir o território cultural da nossa América.

I. AVATARES DE UM CONCEITO

... la magia es la coronación o pesadi-
lla de lo causal, no su contradicción

(Borges)

1. O "REALISMO MÁGICO"

Se se quiser indicar um termo onipresente e de uso indiscriminado na crítica hispano-americana, este termo é, certamente, "realismo mágico". A constatação de um vigoroso e complexo fenômeno de renovação ficcional, brotado entre os anos 1940 e 1955, gerou o afã de catalogar suas tendências e encaixá-las sob uma denominação que significasse a crise do realismo que a nova orientação narrativa patenteava. Assim, realismo mágico veio a ser um achado crítico-interpretativo, que cobria, de um golpe, a complexidade temática (que era realista de um outro modo) do novo romance e a necessidade de explicar a passagem da estética realista-naturalista para a nova visão ("mágica") da realidade.

Certas evidências tornavam indiscutível a aplicabilidade da generosa expressão ao novo romance hispano-americano, para confrontá-lo com o modelo envelhecido do realismo dos anos vinte e trinta. Este modelo, reconhecível em clássicos regionalistas como *La vorágine* (1924) de José Eustasio Rivera, ou *Doña Bárbara* (1929) de Rómulo Gallegos, ou indigenistas como *Raza de bronce* (1919) de Alcides Arguedas ou *Huasipungo*

(1935) de Jorge Icaza, chegara à mecanização e ao esgotamento de seus procedimentos. A descrição documental e informativa dos valores autóctones ou telúricos da América convertera-se em monótono folclorismo pitoresco sobre o *llano*, a pampa, a selva, etc.; os conflitos do homem na sua luta contra a natureza ou as forças da opressão social perdiam o impacto inicial devido a um simbolismo estereotipado; as boas intenções de denúncia das estruturas econômicas e sociais arcaicas enrijeciam-se no tom panfletário da gasta antinomia "exploradores *vs.* explorados"; a narração onisciente ou não submetia o leitor à manipulação ideológica de uma "visão de fora" da problemática do subdesenvolvimento; o regime linear e causalista do relato não escondia a busca da "ilusão referencial"; as motivações psicológicas e a centralidade do herói remetiam a uma predicação elementar e maniqueísta, não condizente com a complexidade das estruturas sociais latino-americanas. Por fim, a compostura do discurso aliada à grandiloqüência impressionista do estilo e à escassa imaginação verbal, era incapaz de absorver uma realidade mutante e heterogênea[1].

Diante deste repertório de defeitos, o novo romance começava a exibir as virtudes que, multiplicadas e intensificadas, o consagrariam, nos anos sessenta, em nível internacional. Com o aparecimento de *Yawar fiesta* (1941), de José María Arguedas, *Ficciones* (1944), de Jorge Luis Borges, *El señor presidente* (1946) e *Hombres de maíz* (1949), de Miguel Ángel Asturias, *Al filo del agua* (1947), de Agustín Yáñez, *El reino de este mundo* (1949) e *Los pasos perdidos* (1953), de Alejo Carpentier, *La vida breve* (1950) de Juan Carlos Onetti e *Pedro Páramo* (1955), de Juan Rulfo, via-se, de imediato, a ruptura com o esquema tradicional do discurso realista. Enquanto presidia neste o que Michel Foucault chamou de "utopia da transparência" — assentada na forte previsibilidade dos conteúdos[2] o novo rea-

---

1. A estratégia de iniciar toda reflexão sobre o novo romance pelo registro de seus métodos de renovação diante da crise do realismo mundonovista é já um costume da crítica, ao qual me submeto deliberadamente nesta secção. À falta de um estudo sistemático sobre o discurso realista hispano-americano — dos cacoetes de sua mimese, *vis à vis* o modelo romanesco europeu e o cultural das sociedades hispano-americanas — nos leva, por ora, a formular os seus traços genéricos, que serão matizados aqui em 4.2.

2. Em suas recentes teorias, Ph. Hamon consegue superar boa parte das deficiências conceituais sobre o realismo, tomando-o em estritos termos de poética ou semiótica literária, para observar os traços recorrentes de sua busca da "mensagem transparente". Cf. "Qu'est-ce qu'une description?" (*Poétique*, nº 12, 1972, 465-85) e "Un discours contraint" (*Poétique* nº 16, 1973, 411-45).

20

lismo começava a experimentar outras soluções técnicas para constituir uma imagem plurivalente do real. As formas renovadoras desses primeiros quinze anos contêm em germe as formas revolucionárias que nos anos sessenta e setenta atestam o lúdico, o paródico e o questionamento sistemático do gênero romanesco. Entre as soluções formais mais freqüentes, podem-se citar: a desintegração da lógica linear de consecução e de conseqüência do relato, através de cortes na cronologia fabular, da multiplicação e simultaneidade dos espaços da ação; caracterização polissêmica dos personagens e atenuação da qualificação diferencial do herói; maior dinamismo nas relações entre o narrador e o narratário, o relato e o discurso, através da diversidade das focalizações, da auto-referencialidade e do questionamento da instância produtora da ficção.

É importante assinalar que, diante dessas formas – aqui enumeradas apenas em seus níveis de manifestação na estrutura narrativa e sem incluir as variantes históricas – a adoção do termo realismo mágico revelava a preocupação elementar de constatar uma "nova atitude" do narrador diante do real. Sem penetrar nos mecanismos de construção de um outro verossímil, pela análise dos núcleos de significação da nova narrativa ou pela avaliação objetiva de seus resultados poéticos, a crítica não pôde ir além do "modo de ver" a realidade. E esse modo estranho, complexo, muitas vezes esotérico e lúcido, foi identificado genericamente com a "magia".

Quando em 1925, o historiador e crítico de arte Franz Roh cunhou o termo realismo mágico, já ficou patenteado o ponto de vista fenomenológico que iria predominar na crítica hispano--americana desde os anos quarenta. Em seu livro *Nach Expressionismus (Magischer Realismus)*, Roh visava a caracterizar como realista mágica a produção pictórica do pós-expressionismo alemão (afim à arte metafísica italiana da mesma época), cuja proposta era atingir uma significação universal exemplar, não a partir de um processo de generalização e abstração, como fizera o expressionismo de ante-guerra, mas pelo reverso: representar as coisas concretas e palpáveis, para tornar visível o mistério que ocultam.

En el post expresionismo – diz Roh – se nos ofrece el milagro de la *existencia en su imperturbada duración*: el inagotable milagro de que las vibraciones de las moléculas – eterna movilidad –, de que el constante aparecer y desaparecer de lo existente, segregue, sin embargo, objetos permanentes; en suma, la maravilla de que el tumulto de lo variable cristalice en determinadas constantes[3].

Em algumas passagens, Roh deixa supor a idéia de uma realidade miraculosa *em si*, produzida pela persistência e duração de certos objetos, em meio à constante dissolução e mutação do universo. Mas o que lhe interessava postular como mágico era antes o *ato de percepção* do que a qualidade essencial do mundo objetivo. O papel do artista pós-expressionista seria, assim, o de associar objetos específicos, conferindo-lhes um estatuto paradigmático, pelo controle da sua subjetividade deformadora[4].

Também pela mesma época, outro teórico europeu, Massimo Bontempelli, falava de "realismo místico" e "realismo mágico", como fórmulas para superar o futurismo. Para Bontempelli, como para Roh, a nova estética refutava a realidade pela realidade e a fantasia pela fantasia, ou seja, propugnava buscar outras dimensões da realidade, mas sem escapar do visível e concreto[5].

Deixando de lado as especulações históricas sobre a origem do termo, ou as interpretações que assumiu no âmbito da pintura, nos interessa indicar o processo de esvaziamento conceitual que o realismo mágico sofreu na aplicação à produção literária hispano-americana. Convém assinalar, contudo, que nas suas origens, bem como nas prolongações críticas, o termo se acomo-

---

3. Cito pelos capítulos do livro publicados em *Revista de Occidente*, nº 48, jun., 1927, 281. O título completo do livro de Roh: é: *Nach-Expressionismus (Magischer Realismus): Probleme der neusten Europäischen Malerei* (Leipzig, Klinkhardt & Bierman, 1925), depois alterado para *Geschichte der Deutschenkunst von 1900 bis zur Gegenwart* (Munich, F. Bruckmann, 1958). Na tradução espanhola (completa) do livro, por Fernando Vela, inverteu-se o título: *Realismo mágico. Post-expresionismo* (Madri, Revista de Occidente, 1927).

4. As observações de Ewald Rathke sobre a pintura do pós-expressionista alemão Otto Dix esclarecem melhor esse desejo de captar a banalidade da vida diária, removendo-a de seu contexto e infundindo-lhe uma aura mágica: "His compositions are based on the accumulation of of points of emphasis, rather than on overall principles; often they seem arbitrary, almost like snapshots, but the metallic hardness of the forms, the smoothness of the surfaces, produce a sculptural quality of permanence which is one of the essential constituents of magic realism in Germany" ("Magic Realism and the Metaphysical", in Massimo Carrà, ed., *Metaphysical art*, New York, Praeger, 1971, 183-4).

5. No primeiro número da revista *900. Cahiers d'Italie et d'Europe* (automne 1926, Roma – Firenze: 'La voce', 174), Bontempelli fala de "realismo místico", ainda que a palavra "magia" seja freqüente. Mas, em *L'avventura novecentista* (Firenze, Vallechi, 1938), opta por "realismo mágico", insistindo na paternidade do termo (cit. por Emir Rodríguez Monegal, *Borges: uma poética da leitura*, São Paulo, Perspectiva, 1980, pp. 136 e ss).

dava à atmosfera cultural do período de entre-guerras: novas correntes da arte e do pensamento incorporavam os resultados das pesquisas antropológicas e etnológicas (valorização das culturas primitivas, perda da centralidade européia), psicanalíticas (importância das camadas profundas da estrutura psíquica) e físicas (relatividade do espaço e do tempo, partição do átomo) etc.

Tanto quanto se sabe, quem primeiro incorporou o termo à crítica do romance hispano-americano foi Arturo Uslar Pietri, em *Letras y hombres de Venezuela*, em 1948. Referindo-se ao conto venezuelano dos anos trinta e quarenta, dizia:

> Lo que vino a predominar en el cuento y a marcar su huella de una manera perdurable fue la consideración del hombre como misterio en medio de los datos realistas. Una adivinación poética o una negación poética de la realidad. Lo que a falta de otra palabra podría llamarse un realismo mágico[6].

Dois aspectos são relevantes aqui: a realidade é considerada misteriosa, ou "mágica", e ao narrador cabe "adivinhá-la"; a realidade é considerada prosaica e ao narrador cabe "negá-la". A conseqüência mais óbvia dessa definição ambígua é que Uslar Pietri vacila em resolver quanto à atitude do narrador: o poético consiste em buscar realisticamente o mistério além das aparências (adivinhar) ou o poético consiste em praticar o irrealismo (negar a realidade). Como se vê, o problema da implantação do termo realismo mágico na crítica hispano-americana envolve ora a deficiência metalingüística (os dados "reais" são denominados "realistas"), ora no duplo enfoque da questão. O primeiro, pelo referente (o "real"), leva o autor a indefinir a realidade; como uma faca de dois gumes, essa operação, em vez de exorcizar o real, o postula como necessário. O segundo, pela atitude do narrador diante do real, conduz o problema para fora do texto, centralizando no ato criador o fundamento conceitual do realismo mágico.

Esses dois falsos problemas — o da ontologia da realidade e o da fenomenologia da percepção — serão parcialmente evitados por Angel Flores, em uma conferência, "Magical realism in Spanish American fiction", lida no Congresso da "Modern

---

6. Arturo Uslar Pietri, *Letras y hombres de Venezuela*, México, Fondo de Cultura Económica, 1948, 162. Rodríguez Monegal (op. cit.) assinala que Uslar Pietri teve repetidos contatos com Bontempelli em Paris e na Itália, desde os fins da década de vinte e que, provavelmente, nessas "tertúlias" inteirou-se do termo que usa no texto citado. Cabe acrescentar ainda que o conceito esboçado por Uslar Pietri, revela também, influências do "merveilleux" surrealista.

Languages Association", New York, 1954. Neste conhecido trabalho — que pôs definitivamente em moda a nova designação — Flores tentará primeiro reconhecer as raízes históricas da nova corrente ficcional, para então conceituar o realismo mágico do ponto de vista do acontecimento narrativo. Discutindo as dificuldades em classificar todos os movimentos literários hispano-americanos, segundo os cânones europeus, observa a pertinência de se integrarem as obras de vários narradores contemporâneos sob a fórmula realismo mágico. A tendência a amalgamar o realismo e a fantasia, estimulada por Kafka e Proust, manifesta-se em Borges e Mallea, como resultado da convergência das duas vertentes da ficção hispano-americana que a tradição mantivera isoladas: a realista, de origem colonial, mas fixada no Oitocentos, e a mágica, que remonta a Colombo e aos cronistas da Conquista[7].

O esforço por caracterizar uma tradição americana ininterrupta de literatura "mágica", leva o autor a conciliar erroneamente o exotismo modernista (de filiação simbolista e parnasiana) com o "mágico" das crônicas, cujo (pseudo) sobrenatural era resultante do deslumbramento dos europeus e das influências do lendário medieval. Esse falso parentesco remete à confusão — onipresente na reflexão de Flores e da qual a crítica posterior não se libertará — entre a literatura fantástica e a realista mágica, cujas peculiaridades formais e focos de procedência são distintos.

Mas esse equívoco não impede que Flores determine corretamente o ponto de arranque do realismo mágico: a publicação de *História universal de la infamia*, de Borges, em 1935. Essa coletânea de falsos contos viria estimular os relatos de Silvina Ocampo e Bioy Casares primeiro, e, depois, com a publicação de *El jardín de senderos que se bifurcan* (1941), as influências borgianas se estenderiam, sempre segundo Flores, em Novás Calvo, Labrador Ruiz, Arreola, Rulfo, Felisberto Hernández, Enrique Amorim, Onetti, Ernesto Sábato, Santiago Dabove, Julio Cortázar, entre outros [189-190].

A conceituação do realismo mágico, bastante elástica para juntar autores tão heterogêneos e de discutível filiação borgiana, é a seguinte:

The same preocupation with style and also the same transformation of common and the everyday into the awesome and the unreal [190].

Se por um lado essa definição evita a perspectiva temática e a fenomenológica-ontológica, por outro, incide no erro de

7. A conferência de Angel Flores foi publicada em *Hispania*, vol. 38, nº 2, maio 1955, 187-192.

reduzir o realismo mágico às narrativas nas quais "time exists in a kind of timeless fluidity and the unreal happens as part of reality" [191]. Essa formulação, que tem em conta o modo kafkiano de "naturalizar o irreal", só peca por eliminar a sua contrapartida, ou seja, a "sobrenaturalização do real". Esta fica de fora na reflexão de Flores, que fixa assim, seu ponto de vista unilateral:

> The practitioners of magical realism cling to reality as if to prevent "literature" from getting in their way, as if to prevent their myth from flying off, as in fairy tales, to supernatural realms [191].

Sem ter em conta o aspecto que apontamos, as postulações de Flores já perdiam a possibilidade de aplicarem-se não só a textos já publicados na época, como *El reino de este mundo* (1949), de Carpentier; *Hombres de maíz* (1949), de Asturias; *El llano en llamas* (1953), de Rulfo, ou *Los pasos perdidos* (1953), de Carpentier, mas a inúmeros outros, de García Márquez ou Vargas Llosa, por exemplo, que viriam depois.

Já observou Octavio Paz que a dispersão da crítica hispano-americana é uma conseqüência da falta de comunicação entre os intelectuais[8]. A deficiência ou a estagnação do discurso crítico, em permanente descompasso com o ritmo da criação literária, é o resultado da falta de diálogo e do isolamento das idéias, como o é também de certa indiferença diante dos projetos interpretativos alheios. Na discussão do realismo mágico, como em outras importantes questões de literatura e cultura latino-americanas, a incomunicação ou o mero silêncio são responsáveis pela solução de continuidade que sofrem as propostas críticas. Se se houvessem criado (inventado) um espaço de debate, não estariam tão distanciadas no tempo as reflexões em torno do realismo mágico. Entre as propostas de Uslar Pietri e as de Flores há um intervalo de sete anos (e este nem menciona o primeiro). Enquanto o novo romance entrava em sua fase áurea, por volta de 1955, a crítica mostra-se tímida diante de questões centrais de poética que o fenômeno envolvia. Conquanto a fórmula realismo mágico viesse se aplicando insistentemente à nova narrativa, não se discutia paralelamente a sua pertinência ou procedência ou ainda o que seria mais fecundo, a reformulação e complementação das sugestões críticas anteriores.

Dentro do moroso processo de discussão conceitual do realismo mágico, só em 1967, Luis Leal, em trabalho de pouco fôlego, tentava reanalisar essa tendência literária hispano-america-

8. Octavio Paz, *Corriente alterna*, México, Siglo XXI, 1967, 43.

25

na[9]. Se em 1954, ainda era válido referir-se ao novo realismo como "tendência" da ficção, em 1967, considerar como tal a *modalidade* narrativa que com *Cien años de soledad* já explorava integralmente os recursos retóricos de sua forma discursiva, era, certamente, um anacronismo. Em todo caso, Luis Leal, sem dar um enfoque abrangente e formal que a questão exigia, se esforça para preencher a lacuna deixada pela conceituação de Flores. Enquanto este fazia coincidir o realismo mágico com o que denominamos *grosso modo* "naturalização do irreal", relacionando-o com o modo kafkiano de tornar verossímeis os acontecimentos sobrenaturais, Leal inverte o percurso, para negar a orientação de Flores.

Aproximando-se mais da fórmula "sobrenaturalização do real", sua definição do realismo mágico apóia-se tanto no lema antiexpressionista de Franz Roh (não violação do sistema real de objetos e fatos), como na proposta surrealista da "ontologia" da realidade (a existência do maravilhoso na realidade, conforme já veremos adiante). Para polemizar com Flores que incluíra a típica literatura fantástica modernista no realismo mágico, Leal insiste que a nova tendência não visa a criar mundos imaginários, pois

... el escritor se enfrenta a la realidad y trata de desentrañarla, de descubrir lo que hay de misterioso en las cosas, en la vida, en las acciones humanas [232-3].

A generalidade dessa definição alberga tanto a ficção como a poesia. De fato, Leal comete o erro (que nem Uslar Pietri, nem Flores cometeram) de incluir Nicolás Guillén, poeta, ao lado de narradores como Asturias, Carpentier, Novás Calvo, Rulfo, etc. Se se trata de conceituar o realismo mágico com base referencial, só à narrativa de ficção cabe atribuir a representatividade do real nos acontecimentos, para que destes surja a conotação do mágico[10].

As duas linhas conceituais correlatas, a fenomenológica e a ontológica, estão claras na exposição de Leal, que oscila, como Uslar Pietri, entre a caracterização do realismo mágico como produto do modo de percepção do autor e como produto da captação do "ser misterioso" das coisas:

9. Luis Leal, "El realismo mágico en la literatura hispanoamericana. *Cuadernos americanos*, vol. 153, n.º 4, jul.-ago., 1967, 230-5.

10. Sobre essa questão, ver Todorov, *Introduction a la littérature fantastique* (Paris, Seuil, 1970, 64 e ss.), que diferencia as leituras poética e alegórica da leitura do texto fantástico, observando que neste, o caráter representativo depende da referência e não do referente. [Trad. bras.: *Introdução à literatura fantástica*, S. Paulo, Perspectiva, 1975, Debates 98].

El realismo mágico es, mas que nada, una actitud, ante la realidad... [232].

... lo principal no es la creación de seres ó mundos imaginados, sino el descubrimiento de la misteriosa relación que existe entre el hombre y su circunstancia [233].

Para captar los misterios de la realidad el escritor magicorrealista exalta sus sentidos hasta un estado límite que le permite adivinar los inadvertidos matices del mundo externo... [235].

Essas passagens demonstram o impasse conceitual do autor: a aceitação apriorística do "mistério" da realidade (palavra que se repete nove vezes em seu breve artigo) lhe obsta refletir sobre o modo de representação da complexidade do real no plano da linguagem. Além disto, a perspectiva substancialista do autor, fixada na linhagem americanista do novo romance, o conduz à afirmação ingênua de que o realismo mágico é uma "nova consciência estética" que se apóia nos temas que elege [233-4]. Sem ultrapassar, pois, a superfície temática, Leal não considera aspectos relevantes da construção da intriga, da predicação dos personagens ou do código narracional do texto mágico-realista, limitando-se a citar que procedimentos *não usa*, como os motivos oníricos e as motivações psicológicas [cf. 232].

Mas é na explicação da "actitud magicorrealista ante la realidad" – que segundo as teses de Franz Roh só sugerem a atitude do autor – onde as contradições de Leal são mais flagrantes, por confundi-la com a reação dos personagens:

Si bien (...) en el cuento de Kafka [*A metamorfose*] los personajes aceptan la transformación del hombre en cucaracha, su actitud ante la realidad no es mágica [233].

E mais adiante reforça a idéia com um exemplo de *Cantaclaro* (1934), de Rómulo Gallegos, afirmando que neste romance o velho *llanero* Crisanto Báez aceita, magicamente, o irreal como parte da realidade [234]. Não sabemos se Leal cogitou na representação textual do narrador e na identificação do leitor com o personagem. Nada nos indica a fundamentação teórica da literatura no trabalho que comentamos. Mas a contribuição de Leal situa-se noutra área. A vinculação do conceito com a origem do termo, na pintura, bem como a inclusão da reflexão de Carpentier sobre o "real maravilhoso americano" na questão, possibilitaram ao autor introduzir a faceta "realista" do realismo mágico – diferenciada da literatura fantástica, e do realismo tradicional hispano-americano. Lamentavelmente, e porque preocupado em retificar a Flores, Luis Leal não vislumbrou a possibilidade de integrar sua proposta à do seu antecedente. Aparentemente contraditórias, são apenas dois tipos de manifestação da retórica verossimilizante do novo romance, que visa instaurar um certo conceito da realidade americana.

Para não estender este tópico além dos limites toleráveis, não faremos o comentário de todos os trabalhos escritos sobre o realismo mágico. A seleção apresentada visou menos a cronologia que a ilustração das propostas conceituais de maior repetibilidade entre escritores e críticos. A conclusão mais genérica a que se pode chegar com a leitura dessas teorizações pode ser resumida na frase da investigadora soviética Vera Kuteishchikova:

> Aunque el sentido general de este término sea inteligible, por lo pronto carece de un contenido nítido[11].

Quanto às conclusões específicas, os impasses analíticos e conceituais registráveis provêm: 1) da impertinência da abordagem fenomenológica que, vinculada às teorias pictóricas de Franz Roh, projetam a questão para fora do texto; 2) da compreensão inadequada das teses culturalistas de Carpentier, que desliza freqüentemente para o enfoque temático, obrigando o analista à tarefa inútil (literariamente falando) de definir o grau de representatividade do referente extratextual; 3) da confusão com a literatura fantástica, que impede a delimitação de zonas discursivas distintas, acima das coincidências temáticas[12]. Em suma, o problema da construção poética do novo realismo his-

---

11. Cit. E. Volek, "Realismo mágico: notas sobre su génesis y naturaleza en Alejo Carpentier" (*Nueva narrativa hispanoamericana*, vol. 3, nº 2, set. 1973, 257).

12. Entre os trabalhos de intenção teorizante ou crítica que evidenciam os impasses mencionados, citem-se: Angel Valbuena Briones, "Una cala en el realismo mágico" (*Cuadernos americanos*, vol. 166, nº 5, set.-out., 1969), que se filia às teses de Roh; Carlos Santander, "El tiempo maravilloso en la obra de Alejo Carpentier" (*Revista de estudios filológicos*, Univ. Austral de Chile, Valdivia, nº 4, 1968), que enfoca o tema da oposição de espaços e tempos na obra do narrador cubano; Fernando Alegría, "Alejo Carpentier: realismo mágico" (in *Literatura y revolución*, México, Fondo de Cultura Económica, 1970), que identifica o realismo mágico de Asturias e Carpentier com o fundo etnológico e social (mitos, lendas e história) da América; Graziella Macías de Cartaya, "Lo real maravilloso en la novela *El siglo de las luces*" (*Horizontes*, Univ. Católica de Puerto Rico, nº 25, 1971), que comenta superficialmente o modo carpentieriano de singularizar o real com imagens sensoriais; Emil Volek (art. cit. na nota 11) que identifica o realismo mágico de Carpentier com a sublimação estética da realidade particular latino-americana em significado universal, a partir de uma atitude realista-expressionista. Em 1973, por ocasião do XVI Congresso do Instituto Internacional de Literatura Ibero-amaricana, em East Lansing, Michigan, especialmente dedicado ao problema, alguns participantes esboçaram um tratamento formal do realismo

28

pano-americano não pode ser pensado fora da linguagem narrativa, vista em suas relações com o narrador, o narratário e o contexto cultural.

mágico, com o objetivo de diferenciá-lo da literatura fantástica típica. A sugestão de Arturo Fox, em "Realismo mágico: algunas consideraciones formales sobre su concepto", foi identificar o novo realismo com a teoria de Northrop Frye sobre o "modo irônico" (de retorno aos mitos e observação objetiva), mas não pôde superar o vago aspecto semântico, quando distinguiu a "dualidade ontológica" do fantástico da "democracia ontológica" do realismo mágico. Lucila Inés Mena ("Fantasía y realismo mágico", ampliado posteriormente em "Formulación teórica del realismo mágico", *Bulletin hispanique*, Univ. de Bordeaux III, vol. 77, nº 3-4, jul.-dez. 1975) explora algumas correspondências com o maravilhoso, definido por T. Todorov, mas não se refere ao aspecto "realista" do realismo mágico. Outras teses do mesmo congresso não foram além da mera divagação ou perplexidade inútil. Mais recentemente, dois trabalhos aportam reflexões da moderna antropologia, mas só caracterizam o conteúdo dos relatos mágico-realistas: Floyd Merrel, "The ideal world in search of its reference: an inquiry into the underlying nature of magical realism" (*Chasqui*, vol. 4, nº 2, feb. 1975) e Jaime Alazraki, "Para una revalidación del concepto *realismo mágico* en la literatura hispanoamericana" (*Homenaje a Andrés Iduarte,* Salmon, Indiana; The American Hispanist, 1976).

29

2. O REAL MARAVILHOSO AMERICANO

O negro Ti Noël, após longo exílio em Santiago de Cuba, servindo ao seu amo francês Monsieur Lenormand de Mezy, decide regressar, já velho e alforriado, à sua terra, a Cidade do Cabo, no Haiti. Ao chegar ali, entre assombrado e fascinado, contempla o impossível: no reino de Henri Christophe, os negros são escravos de negros; no palácio rosado de Sans Souci, os soldados negros são jinetes vestidos com as pompas de um estilo napoleônico; as damas, igualmente negras, vestem-se segundo a última moda versalhesca e os lacaios, negros, usam perucas brancas. E a seqüela de aberrações continua violando o seu código cultural: cúpulas, colunas, estátuas, arcadas, escalinatas, jardins, pérgolas, regatos artificiais, fontezinhas de tritões, sebes e leões de bronze compõem uma parafernália arquitetônica de deslumbrante luxo, que exibe, aqui e lá, as insígnias do Rei Sol. Uma imagem negra da Imaculada Conceição, cultuada juntamente com os *loas* africanos, culmina o carnavalesco espetáculo de uma nação de negros, praticantes do vodu, que adotaram o catolicismo como religião oficial.

Esse episódio, extraído do romance *El reino de este mundo* (1949) de Alejo Carpentier[1], constitui um exemplo privilegiado do "real maravilhoso americano": a união de elementos díspares, procedentes de culturas heterogêneas, configura uma nova realidade histórica, que subverte os padrões convencionais da racionalidade ocidental. Essa expressão, associada amiúde ao realismo mágico pela crítica hispano-americana, foi cunhada pelo escritor cubano para designar, não as fantasias ou invenções do narrador, mas o conjunto de objetos e eventos reais que singularizam a América no contexto ocidental. No texto mencionado, Carpentier visou resgatar o significado básico de um acontecimento histórico do continente – o afrancesamento e os sincretismos culturais que se acentuaram durante o reino de Henri Christophe (1807-1820), cozinheiro durante a colonização francesa e primeiro rei negro da América.

Excelente ilustração do programa de Carpentier exposto no prólogo ao romance, a história do Haiti serve à elaboração de uma idéia da América como repositório de prodígios naturais, culturais e históricos. Publicado pela primeira vez no jornal *El Nacional* de Caracas, em 1948 (no mesmo ano que Uslar Pietri punha em circulação o realismo mágico), o texto do prólogo seria uma espécie de manifesto da nova orientação ficcional. Se tornaria mais famoso que o próprio romance que o motivara e se converteria, como diz Emir Rodríguez Monegal, em "prólogo a la nueva novela latinoamericana"[2].

As razões desse êxito são claras: ali Carpentier propunha a "teoria do real maravilhoso americano", estabelecia uma verdadeira profissão de fé como escritor e exortava os narradores latino-americanos a se voltarem para o mundo americano, cujo potencial de prodígios, garantia o autor, sobrepujava em muito a fantasia e a imaginação européias. A motivação original dessa consciência da realidade americana liga-se à crise pessoal que culminou a experiência surrealista do autor na França. Conforme explica em um texto autobiográfico:

> Me pareció una tarea vana mi esfuerzo surrealista. No iba a añadir nada a este movimiento. Tuve una reacción contraria. Sentí ardientemente el deseo de expresar el mundo americano. Aún no sabía cómo. Me alentaba lo difícil de la tarea por el desconocimiento de las esencias americanas. Me dediqué durante largos años a leer todo lo que podía sobre América, desde las Cartas de Cristóbal Colón, pasando por el Inca Garcilaso hasta los autores del siglo dieciocho. Por el espacio de casi

1. Alejo Carpentier, *El reino de este mundo*, Montevidéu, Arca, 1968, 3ª ed., 78-81. As citações subseqüentes remeterão a esta edição.

2. Emir Rodríguez Monegal, "Lo real y lo maravilloso en *El reino de este mundo, Iberoamericana,* nº 76-77, jul.-dez., 1971, 619.

ocho años creo que no hice otra cosa que leer textos americanos. A-mérica se me presentaba como una enorme nebulosa, que yo trataba de entender porque tenía la oscura intuición de que mi obra se iba a desarrollar aquí, que iba a ser profundamente americana. Creo que al cabo de los años me hice una idea de lo que era este continente[3].

Mas, ao contrário desse balanço sereno, feito dezesseis anos depois da publicação do prólogo, Carpentier dedica boa parte deste a uma vigorosa polêmica com o surrealismo, atacando indiretamente a Breton, através da crítica ao seu ídolo predileto — o Conde de Lautréamont, forjador de maravilhas falsas, obtidas com "truques de prestidigitação" [7]. As vinculações ideológicas de Carpentier com o surrealismo, bem como o anedotário de sua adesão e posterior ruptura com o grupo francês, já foram objeto de estudos especiais[4]. Nos interessa aqui analisar a matéria conceitual do prólogo, que emerge de tal polêmica e que se desdobra em dois níveis de definição do real maravilhoso americano.

O primeiro é constituído pelo modo de percepção do real pelo sujeito. O segundo pela relação entre a obra narrativa e os constituintes maravilhosos da realidade americana. A explicação do modo de percepção é mais explícita e, em geral, é tida como a única definição carpenteriana do real maravilhoso:

... lo maravilloso comienza a serlo de manera inequívoca cuando surge de una inesperada alteración de la realidad (el milagro), de una revelación privilegiada de la realidad, de una iluminación inhabitual ó singularmente favorecedora de las inadvertidas riquezas de la realidad, de una ampliación de las escalas y categorías de la realidad, percibidas con particular intensidad en virtud de una exaltación del espíritu que lo conduce a un modo de "estado límite" [9].

A série de verbos que designa os modos de manifestação do maravilhoso pode ser dividida em dois grupos. No primeiro incluem-se "alterar" e "ampliar", que denotam uma operação modificadora do objeto real; no segundo, "revelar", "iluminar" e "perceber" implicam uma operação mimética da realidade. A oscilação conceitual do maravilhoso parece ser, contudo, intencional. De um lado, o maravilhoso aparece como produto da percepção deformadora do sujeito, de outro aparece como um

---

3. Entrevista a César Léante (1964), "Confesiones sencillas de un escritor barroco", reproduzida em Helmy Siacoman (ed.), *Homenaje a Alejo Carpentier.* New York, Las Americas, 1970, 21.

4. Vejam-se o citado estudo de Rodríguez Monegal e o de Klaus Müller-Gergh, "Corrientes vanguardistas y surrealismo en la obra de Alejo Carpentier", *Asedios a Carpentier*, Santiago do Chile, Universitária, 1972, 13-39.

componente da realidade. Os pontos de vista fenomenológico e ontológico vêm entrelaçados de tal sorte que se resolve a contradição (aparente) entre o *deformar* e o *mostrar*. A extraordinariedade do modo perceptivo ("estado limite", "exaltação do espírito"), reforçada pelo uso de certos adjetivos ("inesperada alteração", "revelação privilegiada", "iluminação inabitual", "particular intensidade") fica postulada como um correlato necessário do prodígio imanente às coisas.

Não é difícil identificar nos meandros dessa definição aquela "verdade essencial" que os surrealistas faziam coincidir com o maravilhoso: o "merveilleux" que Breton, já no *Primeiro Manifesto* (1924) sugeria como a única forma de fecundar "um gênero tão inferior como o romance"[5]. Se na sua etapa inicial o surrealismo se erigiu como um sistema fechado que propugnava alcançar o maravilhoso pelo sonho, a loucura e os delírios da imaginação, a sua evolução assinala o entendimento do supra-real como imanente ao real. O próprio Breton, no *Segundo Manifesto* (1930), revelando influências da psicanálise e do marxismo, provê a nova orientação, baseada na conciliação dos aspectos contraditórios do mundo:

> Tudo leva a crer que existe um determinado ponto do espírito donde a vida e a morte, o real e o imaginário, o passado e o futuro, o comunicável e o incomunicável, o alto e o baixo, deixam de ser apreendidos contraditoriamente[6].

Parece, pois, inegável que a "iluminação sistemática dos outros lugares", ou o "perpétuo passeio em plena zona interdita" bretonianos constituem uma inspiração decisiva para as teorizações de Carpentier sobre o real maravilhoso americano. Mas, as pegadas do surrealismo — apesar das restrições carpentierianas — no conceito do real maravilhoso americano são mais numerosas do que geralmente se pensa. Uma leitura das reflexões surrealistas posteriores aos manifestos de Breton permite revelar até que pon-

---

5. André Breton, *Manifestos do surrealismo*, Lisboa, Moraes, 1969, 36.

6. *Ibidem*, 152. Ver também Maurice Nadeau, *Histoire du surréalisme*, 2ª ed., Paris, Seuil, 1945, 176. A evolução mencionada deu-se no bojo do movimento surrealista, pela rejeição de qualquer oposição entre as esferas do real e do sonho, sobretudo depois da Segunda Guerra. O próprio Breton teve contato com a magia americana, durante o seu exílio do Governo de Vichy, na Martinica, onde conheceu o poeta da *négritude* Aimé Césaire. De volta a Paris, Breton organiza a famosa exposição concebida segundo os rituais da magia primitiva, visando transformar os visitantes-neófitos em iniciados. Cf. Sarane Alexandrian, *The Surrealist Art*, 2ª ed., 190 ss., New York, Praeger, 1975.

to Carpentier estava impregnado das doutrinas européias no seu famoso prólogo. Uma dessas reflexões está contida em *Le miroir du merveilleux*, volume que Pierre Mabille publicou em 1940 e que permanece como "um monumento indispensável à elucidação do espírito surrealista", conforme testemunha Breton no prefácio à segunda edição[7]. Neste livro — para o qual, aliás, o próprio Carpentier colaborou traduzindo um texto do espanhol [cf. 201], Mabille define o maravilhoso como uma "realidade externa e interna ao homem", rejeitando qualquer separação do objetivo e do sensitivo [cf. 31-33, *passim*]. Apesar de que a sua interpretação monística do mundo leva, afinal, à generalização do maravilhoso ("le merveilleux est partout", 32), é na alma popular, no folclore, onde Mabille situa as suas referências trans-históricas sobre o tema. Manejando uma apurada perspectiva antropológica, Mabille colige vários textos, de diferentes tradições culturais, sempre relacionados com o conhecimento do maravilhoso. E o que é mais interessante, a sua antologia está orientada pela diferenciação entre as culturas periféricas ou marginais (incluída a América Latina) — estas abundantes em eventos maravilhosos — e a tradição ocidental — relativamente pobre nesse aspecto. O enaltecimento da fé [49] e dos estados psicológicos-limite [68] o rechaço da reflexividade para explorar o maravilhoso [32], sua crítica à fabricação do maravilhoso pelas convenções literárias — contraposta à autenticidade das imagens populares e primitivas [51-2], sua sensibilidade para a magia e os sincretismos religiosos do Haiti [101-3], onde viveu no começo dos anos quarenta como adido cultural — inseminaram os motivos básicos do famoso prólogo do escritor cubano.

Mas é preciso reconhecer também, que se a idéia de uma realidade maravilhosa não é uma criação teórica de Carpentier, a sua contribuição ao estágio pós-surrealista consiste em ter identificado concretamente uma entidade cultural, cujos traços da formação étnica e histórica são a tal ponto estranhos aos padrões racionais que se justifica a predicação metafórica do maravilhoso ao real. Além do mais, as restrições que faz Carpentier ao surrealismo visam muito menos atacar-lhe o ideário que as fórmulas fantasistas e oníricas da ficção, ao modo dos *Cantos de Maldoror*, o exemplo eleito no prólogo para criticar a "taumaturgia burocrática" dos fabricadores do maravilhoso. Defendendo um projeto de leitura do real, controlada pela razão, mas motivada pela fé, Carpentier invoca um novo compromisso para o escritor:

---

7. Pierre Mabille, *Le miroir du merveilleux*, Paris, Minuit, 1962.

Los que no creen en santos no pueden curarse con milagros de santos, ni los que no son Quijotes pueden meterse, en cuerpo, alma y bienes en el mundo del *Amadís de Gaula* o *Tirante el Blanco* [9].

A intenção evidente é deslocar a busca imaginária do maravilhoso e avançar uma redefinição da sobre-realidade: esta deixa de ser um produto da fantasia — de um "dépaysement" que os jogos surrealistas perseguiam — para constituir uma região anexada à realidade ordinária e empírica, mas só apreensível por aquele que crê. A noção de fé, propugnada no prólogo para restabelecer o compromisso com o real, insinua como em Mabille aquele ciclo das culturas em que Spengler identificou a pré-reflexividade, anterior ao pragmatismo e ao ceticismo das civilizações decadentes[8]. Carpentier invoca justamente essa América primigênia, não contaminada pela reflexividade, como um universo de mitos e religiosidade primitivos, capaz, portanto, de efetivar o projeto de poetizar o real maravilhoso:

(...) por la virginidad del paisaje, por la formación, por la ontología, por la presencia fáustica del indio y del negro, por la Revelación que constituyó su reciente descubrimiento, por los fecundos mestizajes que propició, América está lejos aún de haber agotado su caudal de mitologías [11].

É certamente discutível, sob vários ângulos, essa atribuição de um prodígio "natural" ao continente americano[9]. A euforia e o utopismo que conleva obrigam o analista a tomá-la como

8. Sobre a influência da obra de Spengler, *La decadencia de Occidente* (Madri, Espasa-Calpe, 1923) em Carpentier e outros ideólogos do americanismo contemporâneo, voltaremos no capítulo 5, item 5.2.5.

9. A atribuição do maravilhoso ao mundo americano teve, neste século, pelo menos um precursor de Carpentier (quem o recorda é Cedomil Goic, em *Historia de la novela hispanoamericana*, Valparaiso, Universitaria, 1972, 153-4). Trata-se de Francisco Contreras, romancista chileno e epígono do modernismo, que, em 1927, no "Proemio" ao seu *El pueblo maravilloso* (Paris, Agencia Mundial de Librería). O livro fora publicado anteriormente em francês, com o título *La ville merveilleuse* e chamava a atenção de seus contemporâneos para o primitivismo, a mestiçagem e as mitologias desta América. A nossa "maravillosidad tradicional" [8] é vista como uma "simbolização subconsciente" que oferece um rico repertório para o mundonovismo (termo que prefere a americanismo). Muito atento às manifestações folclóricas dos povos latino-americanos, e influenciado pelas teorias freudianas, Contreras atribui àquelas uma mentalidade mítica, porque — explica — "tienen la intuición muy despierta de lo maravilloso, esto es, el don de encontrar vínculos más o menos figurados con lo desconocido, lo misterioso, lo infinito (...). Nuestra mitología es, pues, elemento esencial precioso de nuestro espíritu colectivo" [6].

uma linguagem metafórica e como parte de um processo imagético que tem caracterizado a reflexão americanista na ensaística hispano-americana.

Mas, para os objetivos imediatos de nosso comentário tal atribuição interessa como acesso ao segundo nível de definição do real maravilhoso — o que é constituído pela relação entre o signo narrativo e o referente extralingüístico. Se no primeiro nível que distinguimos Carpentier deixava supor que era o modo de percepção do escritor que dava acesso ao universo do maravilhoso, o desenvolvimento de suas propostas avança para a fixação de uma "essência mágica" dos objetos e fenômenos.

A própria epígrafe usada no prólogo, extraída de *Los trabajos de Persiles y Segismunda* — novela cervantina que incorpora o maravilhoso ao cotidiano — alude ao erro freqüente de tomar-se um fenômeno sobrenatural como inexplicável ou impossível:

> Lo que se ha de entender desto de convertirse en lobos es que hay una enfermedad a quien llaman los médicos manía lupina.

A sobrenaturalidade de um fenômeno é aparencial; o suposto fantástico recebe uma explicação científica (no caso, a licantropia) que, se lhe dispensa o inverossímil, não lhe subtrai o aspecto prodigioso ou insólito. Com esta premissa, Carpentier procede à indagação sobre o "sortilégio" e "magia" americanos, que constata na paisagem, no folclore, nos monumentos arquitetônicos e na história do Haiti. O melhor exemplo desse maravilhoso americano essencial é a sobrevivência de hinos mágicos que evocam os poderes licantrópicos do escravo Mackandal, cuja rebelião assinalou as origens de um movimento independentista, que levaria os negros ao poder, nos fins do século XVIII.

A relação entre o signo narrativo (no caso, o romance *El reino de este mundo*) e o referente extralingüístico (o real maravilhoso da história haitiana) é postulada com uma perspectiva *realista*, ou seja, o relato deverá conter essa combinatória imanente ao real. Não se trata, Carpentier o frisa bem, de um "regreso a lo real" pretendido pela literatura engajada politicamente [10], mas de expressar uma ontologia da América, ou sua essência como entidade cultural. Assim, o conceito do real maravilhoso se resolve narrativamente pelas constantes intersecções do Mito na História, como no episódio da sublevação dos negros: apesar de estimulada pela Declaração dos Direitos do Homem, a revolução só terá eco junto aos escravos quando, em seu exaltado discurso, o líder jamaicano Bouckman se refere a um "pacto mayor" entre os iniciados do vodu e os Grandes Loas da África:

El Dios de los blancos ordena el crimen. Nuestros dioses nos piden venganza. Ellos conducirán nuestros brazos y nos darán la asistencia. Rompan la imagen del Dios de los blancos, que tiene sed de nuestras lágrimas; escuchemos en nosotros mismos la llamada de la libertad [50].

A elaboração romanesca do episódio revolucionário enfatiza a influência dos ritos mágicos do vodu na ação contra o colonizador francês, que não pudera anteriormente compreender o "grande vôo" (Cap. I, parte 8) do bruxo Mackandal, no momento de sua imolação na fogueira. Incapaz de renunciar à estreita interpretação racionalista dos fatos, a colonização francesa acelerou a sua decadência no Haiti, ao considerar como barbárie a crença nas metamorfoses do Manco e os persistentes ruídos de tambores nas planícies.

Esses acontecimentos são registrados no romance a partir de uma rigorosa documentação de nomes, lugares e datas, para deixar fluir cronisticamente a história do continente ("Pero qué es la historia de América toda sino una crónica de lo real maravilloso?", diz conclusivamente o Autor do prólogo)[10]. Mas este maravilhoso não deve ser confundido com o "belo" que o termo pode sugerir; também a crueldade, a violência, a deformação dos valores, o exercício tirânico do poder integram a noção dos prodígios americanos (o despotismo de Henri Christophe é, no prólogo como no romance, o exemplo disto). A consciência da complexidade cultural da América não esconde, ainda, o parentesco das reflexões carpenterianas com o deslumbramento dos cronistas das Índias. Ele é visível não somente no gesto visionário que atravessa a valorização das coisas do Novo Mundo, ou na simples utilização de um termo caro aos descobridores (a "maravilha") — mas, sobretudo na constante remissão ao modelo europeu como pólo de comparação.

Essa questão vai muito além de qualquer atribuição simplista de "europeísmo" ao escritor cubano, e envolve um amplo espectro de fatores sócio-psicológicos que caracterizam a situação das culturas periféricas, com relação às supostas culturas centrais. A noção de *diferença*, que subjaz à predicação do maravilhoso à realidade americana, traduz certamente a dependência do este-

---

10. A fidelidade do romance aos episódiso históricos, já se sabe, não é absoluta. Carpentier selecionou o material, hierarquizou ou omitiu personagens, mas no essencial (a articulação dos fatos) é visível o apoio documental. Para essa questão, ver o cotejo do romance com os escritos do historiador setecentista Moreau de Saint Méry (resumidos por Alfred Métraux, em *Vodú*, Buenos Aires, Sur, 1963) feito por Florinda Friedmann de Goldberg, em estudo preliminar a *El reino de este mundo*, Buenos Aires, Librería del Colegio, 1975, 9-44.

reótipo colonial que erigiu e manteve a nossa sujeição, impondo uma estrutura social maniqueísta, de oposições raciais, culturais e religiosas absolutas. Por outro lado, o desejo de capturar as essências mágicas da América conleva uma função desalienante diante da supremacia européia, quando exalta a americanidade como valor antitético desta e se oferece como possibilidade de superação dialética dos enfoques redutores das culturas aos seus traços acidentais.

A contestação carpentieriana ao surrealismo francês reproduz esse movimento contraditório que descrevemos brevemente para as relações entre o colonizador e o colonizado. A afirmação do real maravilhoso como signo de nossa cultura foi motivada pela dissidência de Carpentier com o surrealismo, mas as teses expostas no prólogo a *El reino* revelam a dupla postura de aceitação dos postulados surrealistas (os aspectos mágicos e irracionais do real)[11] e de recusa dos mecanismos de busca da sobre-realidade na literatura, propugnados pelos poetas franceses dos anos vinte. É inútil reivindicar qualquer valor referencial para o real maravilhoso americano. Seu valor metafórico, contudo, oferece um teor cognitivo que bem pode ser tomado como ponto de referência para indagar sobre o modo como a linguagem narrativa tenta sustentar essa suposta identidade da América no contexto ocidental.

O que é preciso reter para o que segue é a pertinência das reflexões de Carpentier sobre a fenomenologia da percepção do maravilhoso na realidade, posto que nos abrem caminho para a análise das relações pragmáticas do texto literário. Quanto à abordagem ontológica do mundo americano, logo veremos que, convertida ao significado de "junção do heterogêneo", pode ser integrada no conjunto das relações semânticas que o signo narrativo implica.

---

11. Na entrevista citada na nota 3, Carpentier acrescenta: "He dicho que me aparté del surrealismo porque me pareció que no iba aportar nada de él. Pero el surrealismo sí significó mucho para mí. Me enseñó a ver texturas, aspectos de la vida americana que no había advertido, envueltos como estábamos en la ola de nativismo traída por Güiraldes, Gallegos, y José Eustasio Rivera. Comprendí que detrás de ese nativismo había algo más; lo que llamo los contextos, contexto telúrico y contexto épico-político: el que halle la relación entre ambos escribirá la novela americana" [21-2].

39

II. PARA UMA TEORIA DO REALISMO MARAVILHOSO

"Las cosas tienen vida propia (...) todo es cuestión de
despertarles el ánima." (García Márquez)

3. O MÁGICO E O MARAVILHOSO

Antes de procedermos à discussão dos princípios que regem o funcionamento da narrativa realista-maravilhosa, convém justificar porque abdicamos da expressão "realismo mágico", de uso corrente na crítica hispano-americana. Se bem inclui-se entre os fatores de nossa preferência pelo termo realismo maravilhoso o reconhecimento da prática teórica e literária de Carpentier, adaptando sua noção referencial do "real maravilhoso americano", nossa opção deve-se, antes de tudo, ao desejo de situar o problema no âmbito específico da investigação literária. Maravilhoso é termo já consagrado pela Poética e pelos estudos crítico-literários em geral, e se presta à relação estrutural com outros tipos de discursos (o fantástico, o realista). Mágico, ao contrário, é termo tomado de outra série cultural e acoplá-lo a realismo implicaria ora uma teorização de ordem fenomenológica (a "atitude do narrador"), ora de ordem conteudística (a magia como tema).

Magia, em acepção corrente, é a arte ou saber que pretende dominar os seres ou forças da natureza e produzir, através de certas práticas e fórmulas, efeitos contrários às leis naturais. Como ramo do Ocultismo, a magia se situa sob o signo do conhecimento: a realidade se torna um símbolo, cujo sentido se deve desentranhar; a busca percorre um caminho que vai de símbolo em símbolo e no qual o sujeito sofre um processo de metamorfose gradativa até alcançar a gnose[1]. Por ser um modo de conhecimento sintético do mundo e por implicar o comprometimento do sujeito (que sofre a mutação ontológica), a prática mágica difere do conhecimento científico[2]. Suas manifestações entre os povos primitivos são de inestimável valor para a investigação da religião, ritos, mitos e do "pensamento selvagem", cujo impulso mais fecundo arranca da escola antropológica finis-secular, representada por Edward B. Tylor, Andrew Lang e James Frazer, entre outros.

O interesse suscitado pela recolta e interpretação de tradições, costumes, superstições, línguas e mitologias do homem primitivo e, especialmente, o impacto produzido pela monumental obra de Frazer, *The Golden Bough* (1920), levaram certamente os críticos e artistas das vanguardas dos anos vinte a relacionarem a arte e a magia. A ânsia de conhecimento unitário da realidade, a rebelião contra a pulverização do objeto de análise, contra o positivismo que desprezava a imaginação como instrumento de conhecimento, contra a separação entre o racional e o irracional, estimularam a identificação entre o modo de o artista ver a realidade com a magia[3]. Na América, a descoberta de importantes sítios arqueológicos despertou igualmente o interesse dos escri-

---

1. Cf. J. Tondriau, *O ocultismo*, São Paulo, Difusão Européia do Livro, s.d., 16 e ss. A atuação pela magia implica três fases: o conhecimento (participação nos segredos da natureza); intenção (transformação das forças psíquicas em fins determinados); e fórmula (operar conforme o ritual) [248]. Em nossa opinião, as aproximações entre a arte e a magia nunca conseguem ultrapassar o paralelo relativo com a primeira fase do processo, posto que a "intenção" implica a própria mentalidade primitiva que autentica o conjuro mágico.

2. A moderna antropologia recusa a oposição entre as estruturas do pensamento mágico e o civilizado. Em *Le totémisme aujourd'hui* (Paris P.U.F., 1962) e posteriormente em *La pensée sauvage* (Paris, Plon, 1962) Lévi-Strauss mostra que a ciência difere da magia apenas quanto aos resultados práticos, não quanto ao gênero de operações mentais. A magia, conclui o A., é guiada pela mesma lógica rigorosa da ciência (Cf. *La pensée ...* , 21).

3. Borges estabeleceu a relação entre a narrativa e a magia, de um ângulo diferente do mencionado. Num breve ensaio de 1932, "El arte narrativo y la magia" (in *Discusión*, 2ª ed., Buenos Aires, Emecé, 1961), Borges antecipa o núcleo da reflexão semiótica sobre a motivação e a verossimilhança, estabelecendo a distinção entre os processos causais do

tores para a complexidade do sistema filosófico-religioso dos povos pré-colombianos, que se desenvolve dentro da concepção mágica das forças cósmicas. É significativo, por exemplo, que Miguel Ángel Asturias associe necessariamente a noção de realismo mágico romanesco com a mentalidade do índio pré-colonial e reivindique à literatura o papel de representar o modo mágico de o indígena converter o sobrenatural em real:

> Las alucinaciones, las impresiones que el hombre obtiene de su medio tienden a transformarse en realidades, sobre todo allí donde existe una determinada base religiosa y de culto, como en el caso de los indios. No se trata de una realidad palpable, pero sí de una realidad que surge de una determinada imaginación mágica. Por ello, al expresarlo, lo llamo "realismo mágico"[4].

É relevante considerar ainda, e mais além da coincidência do trabalho vanguardista com as associações analógicas da magia, que o novo conceito do fazer poético quis identificar-se com um dos princípios mais antigos da magia, presente nas mais diversas cosmogonias dos povos primitivos (e em todas as dos povos meso-americanos): a potência (criadora, destrutora) atribuída à palavra. Como variante do ideal mallarmeano da autonomia do Verbo, e compatível com o esquema que Erich Kahler traçou para a desintegração da forma nas artes[5], tal concepção aparece no *Popol Vuh*, o texto sagrado dos maias-quichés, cuja tradução (pelo próprio Asturias) e divulgação foram certamente decisivas para a noção do realismo mágico romanesco. No Capítulo 2, a narração da "aurora da vida" atribui à Palavra o poder formador da matéria: os deuses, ao dizer o nome "justo de voz" para "terra", criaram-na instantaneamente:

relato: o natural, próprio do romance realista-psicológico – no qual a causalidade é forjada pela concatenação explícita de motivos que imita o real – e o mágico – no qual toda unidade narrativa tem projeção ulterior, dentro de uma ordem "lúcida e atávica" [88] de relações. O empréstimo do termo magia recobre ali a idéia de vinculação inevitável entre elementos distantes, própria da prática mágica, segundo os então recentes estudos de Frazer (citado por Borges). O recurso à magia deve-se na rigorosa reflexão borgiana à dificuldade terminológica para falar do romance, devido à incipiência das teorias. É esta constatação, aliás, que abre o célebre ensaio de Borges.

4. Em entrevista a Gunter W. Lorenz, Diálogo con Miguel Ángel Asturias, *Mundo nuevo*, nº 43, jan. 1970, 47.

5. Erich Kahler, *La desintegración de la forma en las artes*, 2ª ed., México, Siglo XXI, 1972. Refiro-me às considerações do capítulo III ("El triunfo de la incoherencia"), 77-131.

45

Nada existía. Solamente la inmovilidad, el silencio, en las tinieblas, en la noche (...). Entoces vino la Palabra (...) Tierra, dijeron, y en seguida nació[6].

O dilema da *nomeação* das coisas americanas – como fator da constituição de uma linguagem romanesca propriamente hispano-americana, sem perder de vista o real natural e o histórico – pode ser vinculado a esse mito americaníssimo e universal da criação mágica do mundo. Carpentier tem se referido constantemente à missão literária de construir um sistema de referências sígnicas para incorporar à cultura universal tudo o que na América permanece inominado:

(...) nosotros, novelistas latinoamericanos, tenemos que nombrarlo todo – todo lo que nos define, envuelve y circunda: todo lo que opera con energía de *contexto* – para situarlo en lo universal[7].

O barroquismo, capaz de dar "vida y consistencia, peso y medida" [36] ao inominado, é preconizado para atender a essa singular condição adânica do escritor americano, não como um instrumento artificial de linguagem, mas sim afeito à mais legítima tradição pré-colombiana. Contudo, o argumento definitivo está relacionado, segundo o Autor, com a própria crise lexical do conquistador espanhol, diante da contingência de nomear o novo:

Hay que buscar en América las cosas que no se han dicho, las palabras que no se han pronunciado. Hay en las *Cartas de relación*, de Hernán Cortés al rey de España una frase que siempre me ha impresionado mucho. Dice más ó menos Hernán Cortés: "Y quisiera hablarle de otras cosas de América, pero no teniendo la palabra que las define ni el vocabulario necesario, no puedo contárselas". Y me di cuenta, un buen día, de que era ese vocabulario y eran esas palabras las que teníamos que hallar. (...) teníamos que hablar un vocabulario (no forzosamente,

6. *Popol Vuh o Libro del Consejo de los indios quichés*, 2ª ed., trad. M. A. Asturias e J. M. González de Mendoza, Buenos Aires, Losada, 1969, 12-13. Os tradutores, alunos do eminente Professor Georges Raynaud da Escola de Altos Estudos de Paris, fizeram a versão do francês, que se publicou em 1927 com o título *Los dioses, los héroes y los hombres de Guatemala antigua*. Bruno Snell refere-se à essa questão da não convencionalidade de certas palavras (nas que o elemento representativo não é dominante, como os substantivos abstratos, que criam o "objeto" designado), argumentando que "esto no es una suposición tardía, reflexiva, filosófica, se muestra en las ideas mágicas que los pueblos primitivos unen a la palabra (...)" (*La estructura del lenguaje*, Madri, Gredos, 1966, 197).

7. Alejo Carpentier, "Problemática de la actual novela latinoamericana", *Tientos y diferencias*, Montevidéu, Arca, 1967, 37.

tipicista), metafórico, rico en imagen y color, barroco – ante todo barroco – para expresar el mundo maravilloso de América. Las realidades ocultas detrás de las cosas visibles, las entrañas de lo invisible, las fuerzas que mueven nuestro suelo, nuestro mundo telúrico[8].

Todos os argumentos aqui apontados explicam as circunstâncias e as motivações extrínsecas da aplicação do termo mágico à visada realista do novo romance hispano-americano. Nenhum deles a justifica, do ângulo da própria narrativa, como produto literário acabado. Qualquer similaridade entre a arte e a magia, fundamentada na relação gnoseológica sujeito-objeto, não basta para definir uma modalidade de discurso. A razão mais óbvia é que o ato de criação poética é um mistério insondável (ainda que não haja mistérios na linguagem), tanto quanto as próprias origens da linguagem, à Poética não compete a descrição do ato de criação verbal. Sendo ambas, magia e criação poética, fenômenos demasiadamente complexos e de difícil estruturação, qualquer paralelo entre o modo de conhecimento, intenção ou ritual mágico com a poesia é inoperante.

Quanto à incorporação de mitos, tradições ou situações de conteúdo mágico, torna-se desnecessário recorrer ao termo magia, de outro âmbito cultural, para qualificar o elenco de motivos que as culturas nativas provêm à literatura de ficção. Um romance tão ancorado no realismo tradicional como *Doña Bárbara* apresenta personagens dotados de poderes mágicos, como a própria protagonista, sem que tal predicação seja assimilada pelo relato. Se neste caso o elemento mágico não chega a contaminar o texto como um todo, em romances como *El reino de este mundo* ou *Cien años de soledad*, os componentes atributivos de Mackandal ou Melquíades são absorvidos pela narrativa, mas, ainda assim quando os acontecimentos envolvem a prática mágica, a *espécie* "magia" subsuma-se à categoria do maravilhoso.

Por fim, por mais que se admita o potencial criador da palavra no novo romance hispano-americano, o seu desejo de criar "magicamente" um referente pela nomeação se submete

---

8. Entrevista a Miguel F. Roa, "Alejo Carpentier tras diez años de silencio", ABC, Madri, 2 fev., 1975, 30. A passagem mencionada por Carpentier está na "Carta segunda", de 30 de outubro de 1520, onde Hernán Cortés, referindo-se às coisas da terra mexicana, diz ao Imperador Carlos V: "... son tantas y de tantas calidades, que por la prolijidad y por no me ocurrir tantas a la memoria, y aun por no saber poner los nombres, no las expreso." (*Cartas de relación de Fernando Cortés, Historiadores primitivos de Indias*, tomo I, Madri, Biblioteca de autores españoles, v. 22, 1946, 32). Em vários momentos o conquistador testemunha a insuficiência da língua e até do "entendimiento" para o novo [*ibidem*, 31].

47

irremediavelmente ao código de uma língua emprestada para incorporar o real americano ao repertório ocidental. A paixão adânica (legítima como linguagem) vem despojada da intenção mágica por tal contingência histórica, e só a convoca para atender, mais uma vez, à exigência forânea da moda do exótico americano. À diferença de mágico, o termo maravilhoso apresenta vantagens de ordem lexical, poética e histórica para significar a nova modalidade da narrativa realista hispano-americana.

A definição lexical de maravilhoso facilita a conceituação do realismo maravilhoso, baseada na não contradição com o natural. Maravilhoso é o "extraordinário", o "insólito", o que escapa ao curso ordinário das coisas e do humano. Maravilhoso é o que contém a *maravilha*, do latim *mirabilia*, ou seja, "coisas admiráveis" (belas ou execráveis, boas ou horríveis), contrapostas às *naturalia*. Em *mirabilia* está presente o "mirar": olhar com intensidade, ver com atenção ou ainda, *ver através*. O verbo *mirare* se encontra também na etimologia de milagre – portento contra a ordem natural – e de miragem – efeito óptico, engano dos sentidos. O maravilhoso recobre, nesta acepção, uma diferença não qualitativa, mas quantitativa com o humano; é um grau exagerado ou inabitual do humano, uma dimensão de beleza, de força ou riqueza, em suma, de perfeição, que pode ser *mirada* pelos homens. Assim, o maravilhoso preserva algo do humano, em sua essência. A extraordinariedade se constitui da freqüência ou densidade com que os fatos ou os objetos exorbitam as leis físicas e as normas humanas.

Em sua segunda acepção, o maravilhoso difere radicalmente do humano: é tudo o que é produzido pela intervenção dos seres sobrenaturais. Aqui, já não se trata de grau de afastamento da ordem normal, mas da própria natureza dos fatos e objetos. Pertencem a outra esfera (não humana, não natural) e não têm explicação racional[9].

Não sabemos qual dessas acepções é a original, mas ambas são valiosas para a compreensão das manifestações do maravilhoso no romance hispano-americano atual: enquanto em alguns, os acontecimentos ou personagens são simplesmente extraordinários (acepção 1), como *Los pasos perdidos*, outros incorporam o maravilhoso-sobrenatural, como *Pedro Páramo* (acepção 2). Ou-

---

9. Dicionários consultados: A. B. Hollanda Ferreira, *Pequeno dicionário brasileiro da língua portuguesa*, 11ª ed., Rio de Janeiro, Civilização Brasileira, 1968; *Grand Larousse encyclopédique*, Paris, Larousse, t. 7, 1963; *Dictionnaire des sciences, des lettres et des arts*, Paris, Hachette, 1896; *Webster's new twentieth century dictionary*, New York, The World Publishing Co, 1952.

tros ainda, amalgamam o maravilhoso hiperbólico com o maravilhoso puro, como *Hombres de maíz* ou *Cien años de soledad*. Essas possibilidades lexicais do termo maravilhoso permitem, portanto, ótima especulação teórica sobre a forma discursiva do realismo maravilhoso, como a análise estilística da retórica construída para estabelecer as "passagens" de um significado a outro.

A segunda vantagem que o termo maravilhoso oferece é a sua definitiva incorporação à Literatura, à Poética e à História Literária de todos os tempos. Longe de ser um modismo terminológico, o maravilhoso tem servido para designar a forma primordial do imaginário de obras de todas as latitudes culturais, como o *Rāmayāna, As mil e uma noites*, a *Ilíada*, a *Odisséia*, as canções de gesta, os *Edda* escandinavos, os *Nibelungen* germânicos, o *Romancero* espanhol, etc. Constitui igualmente importante elemento da épica renascentista e alcança o período romântico na evocação legendária do passado (*Leyendas en prosa,* de Bécquer, *La légende des siècles,* de Hugo), e em pleno realismo europeu sobrevive na busca da sobre-realidade de *Les chants de Maldoror,* de Lautréamont. Tradicionalmente, o maravilhoso é, na criação literária, a intervenção de seres sobrenaturais, divinos ou legendários (deuses, deusas, anjos, demônios, gênios, fadas) na ação narrativa ou dramática (o *deus ex machina*). É identificado, muitas vezes, com o efeito que provocam tais intervenções no ouvinte ou leitor (admiração, surpresa, espanto, arrebatamento).

Sendo um componente da narrativa de todas as épocas e culturas, o maravilhoso freqüenta os estudos e os tratados de poética ou história literária. Desde, provavelmente, a divulgação da *Poética* no século XVI, onde Aristóteles comenta o maravilhoso como derivado do irracional na epopéia (cap. XXIV, 1460b, 12), o conceito incorporou-se à Preceptiva do Quinhentos e do Seiscentos (Marino, Tasso, Boileau), como um sustento ficcional da longa ação épica. É no século XX, contudo, que se definem os traços formais do maravilhoso, numa perspectiva ética com André Jolles (*Einfache formen*, 1930) e morfológica com Vladimir Propp (*Morfológuia Skazki*, 1928)[10]. A partir deste tra-

_____

. 10. A *Morfológuia Skázki*, de Propp tornou-se conhecida com a tradução ao inglês, *Morphology of the folktale*, Parte III, *International journey of the American linguistics*, vol. 24, out., 1958. Já se tem discutido qual a denominação correta para o tipo de conto que é objeto da análise de Propp. "Skázki", nos informa Boris Schnaiderman, "é o nome russo para o conto fantástico, que o diferencia de *raskaz*, isto é, geralmente uma estória relacionada com o cotidiano. (cf. Macunaíma – um diálogo entre surdos, "Suplemento Literário" de *O Estado de São Paulo*,

balho inseminador sobre os contos populares russos, o maravilhoso é entendido como um tipo de relato, cuja estrutura permite distinguir outras modalidades narrativas, no âmbito de teorizações mais recentes (Todorov, Bellemin Noël, Irène Bessière). Por último, e para não nos restringirmos aos estritos argumentos de ordem etimológica, lexical, literária ou poética, há a razão histórica que legitima o maravilhoso como identificador da cultura americana. Sendo o novo romance hispano-americano uma expressão poética do real americano é mais justo nomeá-lo com um termo afeito, tanto à tradição literária mais recente e influente (o realismo), como ao sentido que a América impôs ao conquistador: no momento de seu ingresso na História, a estranheza e a complexidade do Novo Mundo o levaram a invocar o atributo maravilhoso para resolver o dilema da nomeação do que resistia ao código racionalista da cultura européia. Carpentier, sensível ao trabalho cronístico de invenção do ser histórico da América, designou essa realidade, natural e cultural, como real maravilhoso, cobrindo simultaneamente o referencial "mágico" e o seu modo de absorção ao sistema de referências ocidental.

Desde que reconhecemos na setorização do realismo maravilhoso por temas ou modo de ver o real uma abordagem parcializadora dessa modalidade de discurso, nossa teorização deve, obrigatoriamente, enfocá-lo como um fenômeno da totalidade da linguagem poética. Sendo a nossa operação analítica dedutiva (de um número limitado de obras e não de todas as que possam inscrever-se no realismo maravilhoso), não pretendemos estabelecer um modelo rígido e absoluto, aplicável sem restrições a todos os casos. Conquanto o texto poético seja único, tal singularidade não impede que nele se manifestem propriedades comuns com outros textos. A busca dessas constantes, que se combinam e se transformam, mas que retêm o vestígio mínimo do seu engendramento, é o objeto das hipóteses que seguem.

n? 900, ano XIX, 27 out., 1974, 1). Como se suprimiu uma palavra do título inicial do livro (*Morfológuia volchébnoi skázki*, onde "volchébnoi" aludia à "feitiçaria", as traduções se concentraram em "skázki" que, sem grandes prejuízos, pode ser simplificada para "conto popular", "folktale", etc. Mas, como ainda observa Schnaiderman, traduzir "skázki" por "fairy tale" ou "racconti di fate" é improcedente, pois o "conto de fada" é peculiar da tradição ocidental. De nossa parte, consideramos que a tradução "maravilhoso" evita os inconvenientes da implicação temática (que Propp quis evitar) do termo "magia", e os de confusão com outro tipo de conto da tradição ocidental que o termo "fantástico" conlevaria.

50

4. AS RELAÇÕES PRAGMÁTICAS NO REALISMO MARAVILHOSO

A formulação dos princípios que regem o funcionamento da narrativa realista maravilhosa será considerada no conjunto das relações lingüísticas envolvidas no ato de codificação e leitura do signo narrativo. O esquema da comunicação narrativa mostra as direções traçadas no percurso do signo, em torno ao eixo que remete ao universo cultural, social, em que o texto se produz:

A relação semântica, unidirecional e em sentido vertical, é o modo como o referente extralingüístico é significado textual-

51

mente; as relações pragmáticas são as mantidas entre o emissor e o signo e, inversamente, entre o receptor e o signo (codificação e descodificação, respectivamente). O que forma a narrativa é, assim, a codificação em signo do referente extralingüístico. O conceito de referente extralingüístico será discutido e especificado no âmbito da cultura hispano-americana no Capítulo 5. Por ora, será proposto provisoriamente, para fins de análise das relações pragmáticas, conforme a noção de Jerzy Pelc:

> From the point of view of the relation holding between the sender (narrator) and the extralinguistic referent of the sign, that something about which the narrator narrates is either a real object of his observations or recolletions, or an unreal, fictitious object of his ideas[1].

O exame dos dois tipos de relação propostos, se comparados aos da narrativa fantástica e aos da realista, nos auxiliará na dedução de uma poética própria do realismo maravilhoso. O isolamento das relações é de caráter operacional, já que a estruturação da narrativa implica, obviamente, a interação dos pólos mencionados.

As relações pragmáticas dizem respeito à enunciação/recepção do signo, como atos que situam o enunciado (este exclusivamente verbal) numa situação que inclui elementos não verbais: o emissor — quem fala ou escreve; o receptor — quem percebe e, finalmente, o contexto no qual essa articulação tem lugar[2]. Tomemos inicialmente o pólo da recepção para circunscrever os efeitos do texto realista maravilhoso.

4.1. O efeito de encantamento no discurso

Para caracterizar a experiência de leitura do realismo maravilhoso, o recurso à literatura fantástica é uma estratégia duplamente conveniente: já está suficientemente estudada pelos teóricos do relato e os efeitos emotivos que provoca são neutralizados ou negados no realismo maravilhoso. É certo também que o fantástico e o realismo maravilhoso compartilham muitos traços, como a problematização da racionalidade, a crítica implícita à leitura romanesca tradicional, o jogo verbal para obter a credibilidade do leitor e, razão de freqüentes confusões da crítica literária, compartilham os mesmos motivos servidos pela tradição

---

1. J. Pelc, "On the concept of narration", *Semiotica* III, 1, 1971, 12-3.

2. T. Todorov, "Poética", *Qué es el estructuralismo?*, Buenos Aires, Losada, 1971, 112.

narrativa e cultural: aparições, demônios, metamorfoses, desarranjos da causalidade, do espaço e do tempo, etc.

Contudo, essas coincidências genéricas, temáticas, retóricas e histórico-literárias, não impedem o delineamento dos limites em que tais intersecções atuam e a conseqüente diferença de seus estatutos narrativos. O ponto chave para a definição do fantástico é dado pelo princípio psicológico que lhe garante a percepção do estético: a fantasticidade é, fundamentalmente, um modo de produzir no leitor uma inquietação física (medo e variantes), através de uma inquietação intelectual (dúvida). A simplicidade dessa fórmula não pretende escamotear as dificuldades de definição de um gênero transcultural e trans-histórico, fazendo da psicologia do leitor (extratextual, subjetiva) sua condição estruturante. O medo é entendido aqui em acepção intratextual, ou seja, como um *efeito discursivo* (um modo de ...) elaborado pelo narrador, a partir de um acontecimento de duplo referencial (natural e sobrenatural).

Se o medo é, portanto, uma emoção significada no discurso com os dados do relato, a questão consiste em saber – antes de qualquer exame dos procedimentos narracionais para obter essa emotividade imanente – qual o fundamento sócio-cultural que suporta as relações pragmáticas do fantástico. Na opinião de alguns analistas clássicos, é o nosso medo, atávico, inconsciente, do sobrenatural, do desconhecido, gerado pela cisão entre o real e o imaginário, que garante a fantasticidade:

> Le véritable conte fantastique intrigue, charme ou bouleverse en créant le sentiment d'une présence insolite, d'un mystère surnaturel, d'un pouvoir rédoutable, qui se manifeste comme un avertissement d'au delà, en nous, autour de nous, et qui, en frappant notre imagination, éveille un écho inmédiat dans notre coeur[3].

Assim, se a intriga reproduz a própria estrutura do fantasma (uma aparição que parece aparecer), a criação de uma impressão específica não se dá como mero derivado mecânico do acontecimento narrativo (neste caso o fantasma seria irrisório), mas como resultado de uma atmosfera que registra o calafrio diante do mistério:

> A certain atmosphere of breathless and unexplainable dread of outer, unknown forces must be present; and there must be a hint, ex-

---

3. Ch. Nodier, "Du fantastique en littérature", *Contes fantastiques*, Paris, Charpentier, 1850, 12, *apud* I. Bessière, *Le récit fantastique, La poétique de l'incertain*, Paris, Larousse, 1974, 43. As citações subseqüentes deste último livro virão no corpo do texto, com a sigla *RF* e o número da página.

pressed with a seriousness and portentousness becoming its object, of that most terrible conception of the humain brain – a malign and particular suspension or defeat of those fixed laws of Nature which are our only safeguard against the assaults of chaos and the daemons of unplumbed space[4].

Também Louis Vax insistiu na especificidade da emoção fantástica como uma percepção da ameaça do sobrenatural ao mundo real do leitor:

> L'au delà du fantastique est un au-delà tout proche. Et quand se revèle dans les êtres policés que nous prétendons être une tendance que la raison ne saurait accepter, nous sommes horrifiés comme devant quelque chose de si différent de nous que nous le croyons venu d'ailleurs. Et nous traduisons ce scandale "moral" en des termes qui expriment un scandale "physique"[5].

O policiamento da razão tem como eixo a noção empírica de mundo real, a opinião corrente que temos das leis da causalidade, do espaço e do tempo: os rios não invertem os seus cursos, os desejos não se realizam à simples formulação, os mortos não retornam para atormentar os vivos, as paredes não se deixam atravessar, não se pode estar em dois lugares ao mesmo tempo, etc.[6] Além dessas leis naturais, a noção de mundo real inclui o bom senso, a convenção social, de modo que, ao lado do que é válido cientificamente para todas as épocas e imutável em sentido trans-histórico e transcultural, há o "natural" histórico, o qual é mutável e enquadrado em certo tempo e espaço.

Essas normas, confirmadas pelo romanesco mimético, compõem uma espécie de "sistema estável" do leitor, cuja segurança é ameaçada pelos terrores de um sobrenatural que *pode-vir-a-ser*. Nesse possível que agride a nossa estabilidade, também viu Cortázar a essência do gênero:

4. H. P. Lovecraft, *Supernatural horror in literature*, New York, Dover, 1973, 15 (a primeira edição é de 1945).

5. L. Vax, *L'art et la littérature fantastiques*, Paris, P.U.F., 1970, 11 (a primeira edição é de 1960).

6. *Idem, ibidem*, 31. Na Conclusão de seu livro, Vax aborda a questão de referente (os seres reais) na Lógica e admite que a diferença entre "cavalo", "centauro" ou "Pégaso" resulta inoperante para a sua teoria. O Autor prefere fundamentá-la no modo de percepção do relato fantástico (definição estipulativa) e não na essência do referente, pois esta só é acessível a uma espécie de "intuition intelectuelle ou mystique qui échapperait au controle et pourrait varier d'un sujet à l'autre" [120]. Um esforço teórico significativo sobre esta questão é o de Paolo Valesio, que procurou relacionar a experiência e a essência da irrealidade no âmbito da linguagem (Ver "On reality and unreality in language", *Semiotica* X, 1, 1974, 75-92).

54

Lo verdaderamente fantástico no reside tanto en las estrechas circunstancias narradas como en su resonancia de pulsación, de latido sobrecogedor de un corazón ajeno al nuestro, de un orden que puede usarnos en cualquier momento para uno de sus mosaicos (...)[7].

O medo aos monstros, fantasmas e demônios; o pressentimento de que os personagens, objetos, situações pertencem à "outra" ordem; a problematização do nosso real pelas ameaças da "outridade" são privilegiados nas definições mencionadas, que fazem do sobrenatural o estrito objeto do medo virtual do discurso fantástico. Todorov criticou essa noção clássica do medo fantástico, porque deixa supor que o gênero de uma obra depende do sangue-frio de seu leitor[8]. De fato, a restrição do efeito psicológico ao calafrio provocado por seres e objetos carentes de explicação racional é insuficiente, mas tampouco é preciso abdicar ao fator emotivo, para concentrar somente no relato alternativo a razão de ser do gênero. A vacilação do leitor entre uma explicação racional dos fatos narrados (o fantasma como alucinação, por exemplo) e uma explicação sobrenatural (os fantasmas existem), a impossibilidade de optar por qualquer das alternativas, constitui o dado objetivo que se projeta no discurso como um questionamento das duas ordens que o leitor conhece: a natural e a sobrenatural. Os limites de ambas as normas, de ambos os códigos, são relativizados, pela irreconciliação dos fatos narrados, seja com a razão, seja com a não-razão. O medo surge, assim, da percepção da ameaça tanto ao sistema da natureza, como ao da sobrenatureza.

Logo, o efeito psicológico produzido no discurso fantástico é o temor do não-sentido: o leitor representado é a figuração da perplexidade diante de uma significação ausente. Observa Irène

---

7. J. Cortázar, "Del sentimiento de lo fantástico", *La vuelta al día en ochenta mundos*, 4ª ed., México, Siglo XXI, 1968, 45.

8. T. Todorov, *Introduction a la littérature fantastique*, Paris, Seuil, 1970, 40. Em sua definição do fantástico, Todorov descarta a inquietação emotiva do leitor, para favorecer a intelectual (a vacilação), diante de um acontecimento de dupla explicação (natural ou sobrenatural). Deste modo, o Autor prestigia o relato em detrimento do discurso, perdendo de vista a necessária relação entre ambos. Este erro o levará à subdivisão do gênero, baseada na estrita interpretação racional do acontecimento narrativo: estranho puro (os fatos são insólitos, mas explicáveis racionalmente); fantástico-estranho (os fatos recebem ao final uma explicação racional); fantástico puro (a vacilação entre o racional e o irracional se mantém); fantástico-maravilhoso (o relato conclui pela aceitação do irracional); maravilhoso (os fatos não pertencem à ordem racional) [Cf. Cap. 3]. Voltaremos a citar este livro pela sigla *ILF*, com o número da página, no corpo do texto.

Bessière que o esvaziamento da significação no fantástico provém de sua antinomia constitutiva. O acontecimento insólito, privado de qualquer probabilidade interna (patente, mas sem causa), superpõe duas probabilidades externas, uma racional e empírica (lei física, sonho, delírio, ilusão visual) e outra irracional e meta-empírica (mitologia, teologia, milagres, prodígios, ocultismo) [cf. *RF*, 32]. A leitura torna-se um exercício conflitual, não porque seja o insólito inquietante em si mesmo, mas porque conduz à neutralização da função referencial: os contrários convergem, mas não ao modo de harmônica convivência, posto que o seu equilíbrio aparente significa a angustiante fuga do sentido. Dito de outra forma, desestabiliza-se o sistema estável do leitor, questiona-se a hierarquia culturalizada entre o real e o irreal, sem que no seu lugar se reponha qualquer certeza metafísica, qualquer imanência de um estado extranatural.

O fantástico contenta-se em fabricar hipóteses falsas (o seu "possível" é improvável), em desenhar a arbitrariedade da razão, em sacudir as convenções culturais, mas sem oferecer ao leitor, nada além da incerteza. A falácia das probabilidades externas e inadequadas, as explicações impossíveis — tanto no âmbito do mítico — se constroem sobre o artifício lúdico do verossímil textual, cujo projeto é evitar toda asserção, todo significado fixo. O fantástico "faz da falsidade o seu próprio objeto, o seu próprio móvil" [*RF*, 31].

No conto "La lluvia de fuego", de Leopoldo Lugones, pode-se observar como a fantasticidade é gerada pela relação metafórica entre um elemento de intelecção e um elemento emotivo. O evento insólito — a chuva intermitente de chispas de cobre que cai sobre a cidade carece de qualquer explicação, natural ou sobrenatural. O subtítulo do conto, "evocación de un descarnado de Gomorra", cria a expectativa no leitor de uma probabilidade sobrenatural — "castigo divino", mas o discurso do narrador evita sistematicamente qualquer asserção religiosa, qualquer conjetura metafísica, que pudesse abolir o paradoxo da situação. O mito cristão vem, todavia, indiciado nas descrições dos hábitos erotomaníacos da população, funcionando como uma reserva de causalidade, necessária à antinomia constitutiva do fantástico. O "outro possível", que neutraliza a explicação tanto no âmbito do pensamento racional como no transcendental, é tomar a catástrofe como um fenômeno atmosférico. O narrador-testemunha descarta logo no início a possível ilusão óptica e sua função é, ao longo do discurso, apreciar correlativamente a própria perplexidade diante do enigma e o medo por ele gerado:

Debo confesar que al comprobarlo, experimenté un vago terror.

Exploré el cielo en una ansiosa ojeada. Persistía la limpidez. De donde venía aquel extraño granizo? Aquel cobre? Era cobre?[9]

Como em toda narrativa fantástica, a falsidade lúdica das premissas improváveis é sustentada pela motivação realista, cuja mediação assegura o efeito chocante que o insólito provoca num universo reconhecível, familiar, estruturado[10]. O céu mantém sua "igual limpidez", as ruas o seu habitual "hormigueo popular"; o personagem-narrador, beirando os cinqüenta anos, cultiva uma salutar solidão, compatível com sua imensa fortuna, com seu cansaço de pretéritas orgias e com seu gosto por refinados manjares e leituras de narrações geográficas.

Um dispositivo narracional clássico do texto fantástico — o narrador que se erige em testemunha e conta uma história já sucedida —[11] ocupa-se de registrar realisticamente o fenômeno insólito, para obter a credibilidade do leitor. A notação tátil ("extendí la mano; era, a no caber duda, un gránulo de cobre..."); visual ("El ambiente estaba rojo; y a su través, troncos, chimeneas, casas blanqueaban con una lividez tristísima"); olfativa ("el hedor infernal"); auditiva ("la población agonizó bárbaramente, con ayes y clamores de una amplitud, de un horror, de una variedad estupendos") e até as referências científicas ("sin ser grande mi erudición científica, sabía que nadie mencionó jamás esas lluvias de cobre incandescente.") — tudo se presta ao projeto de dar crédito ao prodígio. Tanto o saber como as evidências sensoriais visam a interditar as deformações da subjetivi-

9. L. Lugones, "La lluvia de fuego", *Cuentos fantásticos argentinos*, sel. Nicolás Cócaro, Buenos Aires, Emecé, 1970, 59. O conto foi publicado inicialmente no livro *Las fuerzas extrañas*, 1906.

10. O reconhecimento das convenções do realismo romanesco como necessárias à fantasticidade é unânime entre os teóricos do gênero. Foi Tomachevski quem abordou formalmente essa questão: "Il est intéressant de noter que dans un milieu littéraire évolué, les récits fantastiques offrent la possibilité d'une double interprétation de la fable en vertu des exigences de la motivation réaliste: on peut les comprendre à la fois comme événements réels et comme événements fantastiques" ("Thématique", *Théorie de la littérature, Textes des formalistes russes,* org. T. Todorov, Paris, Seuil, 1965, 287-8).

11. J. Bellemin Noël observa que a técnica de distanciamento, ainda que não exclusiva do fantástico, é nele fundamental, para que o "relais narratif" (herói ou alterego do herói) possa sublinhar o efeito fantasmagórico, a saber, a desproporção entre o acontecimento monstruoso e as normas do mundo. (Cf. "Notes sur le fantastique (textes de Théophile de Gautier)", *Littérature*, nº 8, dez. 1972, 14).

57

dade, mas a realidade neles investida é de uma perspectiva *falsamente tética*[12], posto que o efeito de real construído pelo discurso é simultaneamente desconstruído pelo efeito de fantástico. Assim, o discurso justapõe às asseverações do real, as notações da sem-razão, da não-causalidade, com epítetos que recortam a categoria do sobrenatural ("aquella lluvia singular"; "la gran amenaza celeste"; "la singularidad de la situación, lo enorme del fenómeno.") e a categoria do inquietante: às primeiras precipitações do fogo, o registro é de "un vago terror", um desconcerto, uma inquietação, uma intimidação, um calafrio. Mas à medida do recrudescimento da chuva e, sobretudo após constatar o protagonista que até os pássaros engaiolados se recusam a sair em liberdade [61], as notações emocionais magnificam o terror e deslocam os argumentos de ordem intelectual:

> Me acometió de pronto un miedo que no sentía – estoy seguro – desde cuarenta años atrás, el miedo infantil de una presencia enemiga y difusa; y me eché a llorar, a llorar como un loco, a llorar de miedo, allá en un rincón, sin rubor alguno [66].

Na seqüência final, o conto resvala de uma vez para o lado emocional; o medo ocupa o centro do discurso, conduzido pelo paroxismo do jogo conflitual das probabilidades empíricas e meta-empíricas. A intersecção dos elementos lingüísticos de racionalização e de emoção cumpre a sua trajetória, e o protagonista constata o seu "terror paralisante" [cf. 66], no ponto em que a dialética da construção-desconstrução dos verossímeis alcança o seu ápice, impossibilitando qualquer solução. O medo converte-se em loucura diante da falta de sentido – o herói torna-se o portador inconsciente do não sentido; nada se revela, nada se descobre, a negatividade totaliza o discurso. Seu penúltimo gesto é contemplar desconsolado as feras chamuscadas e enlouquecidas pela sede que deambulam pela cidade destruída, para nelas identificar o seu próprio "pavor de lo incomprensible" [68]. A impossível conciliação dos contrários, a incerteza insuportável desembocam no único gesto capaz de (ilusoriamente) restituir a ordem racional: o suicídio, limpo de patetismos, a disposição de "concluir". Este ato, que abre uma exceção à passividade do herói, faz da morte um desejo de significação, uma exigência de ordem, uma solução fictícia do insolúvel, a tentativa radical de

---

12. Bessière, adaptando os termos usados por Sartre em *L'imaginaire* diz que o relato maravilhoso é não-tético, isto é, "il ne pose pas la réalité de ce qu'il représente". O relato fantástico é, ao contrário, tético: "il pose de la réalité de ce qu'il représente: condition même de la narrarion qui fonde le jeu du rien et du trop, du négatif et du positif" [*RF*, 36].

afirmar a lucidez diante do irracional. Se é certo, conforme Irène Bessière que "la non-résolution du récit et le système métaphorique font de la narration un drame, et de la lecture, un exercise conflictuel" [*RF*, 198], o conto "La lluvia de fuego" culmina no seu desenlace a própria metáfora constitutiva do fantástico: o suicídio significa a paralisação da narrativa, a abolição de uma contradição insustentável pela *ratio*. É a prova do herói que corresponde à prova do texto pelo receptor.

Ao contrário da "poética da incerteza", calculada para obter o estranhamento do leitor, o realismo maravilhoso desaloja qualquer efeito emotivo de calafrio, medo ou terror sobre o evento insólito. No seu lugar, coloca o encantamento como um efeito discursivo pertinente à interpretação não-antitética dos componentes diegéticos. O insólito, em óptica racional, deixa de ser o "outro lado", o desconhecido, para incorporar-se ao real: a maravilha é(está) (n)a realidade. Os objetos, seres ou eventos que no fantástico exigem a projeção lúdica de duas probabilidades externas e inatingíveis de explicação, são no realismo maravilhoso destituídos de mistério, não duvidosos quanto ao universo de sentido a que pertencem. Isto é, possuem probabilidade interna, tem causalidade no próprio âmbito da diégese e não apelam, portanto, à atividade de deciframento do leitor.

Esta noção segue o mesmo princípio utilizado para definir o modo de percepção do fantástico: o realismo maravilhoso se qualifica pela relação entre o efeito de encantamento (o discurso) e o relato. A diferença introduzida é que, em vez de assinalar-se a constituição não-antitética dos acontecimentos como o segundo termo da relação, preferimos designá-lo como "componentes diegéticos", a fim de ampliar a correlação subseqüente entre o aspecto semântico (fusão natureza/sobrenatureza) e o aspecto sintático (causalidade interna) do texto narrativo. Deste modo, marca-se com mais propriedade uma notação do efeito discursivo menos limitada que no fantástico, no qual é obrigatória a estrita intelecção alternativa do acontecimento. A noção de diégese permite aqui incluir, além da história (as ações ou acontecimentos como processo), as descrições (a notação de objetos e seres em sua simultaneidade), tendo em conta que estas têm função diegética na economia do relato[13]. A unidade narrativo-

---

13. A revisão do conceito da descrição é de G. Genette, quem observa: "(...) toutes les différences qui séparent description et narration sont des différences de contenu, qui n'ont pas à proprement parler d'existence sémiologique (...). La différence la plus significative serait peut-être que la narration restitue, dans la succession temporelle de son

-descritiva do texto é, portanto, relevante para o efeito discursivo do realismo maravilhoso, que abrange ambas as formas de representação literária.

Ao dizermos que num relato o maravilhoso é real, corre-se o risco de confundir o realismo maravilhoso com o feérico (ou maravilhoso puro), deixando supor que a causalidade dos eventos está ausente. Como é sabido, a unidimensionalidade do conto maravilhoso não provoca emoções especiais no leitor: os prodígios se sucedem na busca-viagem do herói que, inchada de fantasias, afasta-se do natural. Nos contos maravilhosos (com ou sem fadas), não existe o impossível, nem o escândalo da razão: tapetes voam, galinhas põem ovos de ouro, cavalos falam, dragões raptam princesas, príncipes viram sapos e vice-versa. Segundo André Jolles, nesta forma narrativa "le merveilleux n'est pas merveilleux mais naturel"[14]. A recusa da realidade ("Era uma vez...", "Em certo reino...") e da ambigüidade (bons vs. maus) são instrumentos da distância pedagógica para julgar simbolicamente a moral comum. Assim, enquanto na narrativa realista, a causalidade é explícita (isto é: há continuidade entre causa e efeito) e na fantástica ela é questionada (comparece pela falsificação das hipóteses explicativas), na narrativa maravilhosa, ela é simplesmente *ausente*: tudo pode acontecer, sem que se justifique ou se remeta aos *realia*.

O realismo maravilhoso, ao contrário, não foge aos *realia* pela indeterminação espaço-temporal (pelo "dépaysement" simbolizante); tampouco explicita ou questiona a causalidade para eliminá-la. À diferença do maravilhoso, ela é *restabelecida* e à diferença do fantástico, ela é *não-conflitiva*, mas à diferença do realismo não é explícita, mas *difusa*. O regime causal do realismo maravilhoso é ditado pela *descontinuidade entre causa e efeito* (no espaço, no tempo, na ordem de grandeza). Como já observou Borges, há uma necessária conexão, um vínculo inevitável entre coisas distantes numa narrativa em que a causalidade é "mágica"[15].

discours, la succession également temporelle des événements, tandis que la description doit moduler dans le successif la réprésentation d'objets simultanés et juxtaposés dans l'espace". Esta diferença, pois, de temporalidade é que justifica tomar a descrição, não como um dos modos, mas como um dos aspectos da narração (Cf. "Frontières du récit", *Figures II*, Paris, Seuil, 1969, 59-61).

14. A. Jolles, *Formes simples*, Paris, Seuil, 1972, 192 (a primeira edição, em alemão, é de 1930).

15. Veja-se aqui a nota 3 do Cap. 3 e também P. Zumthor, *Essais de poétique médievale*, Paris, Seuil, 1972, 138-9.

Essas diferenças impedem que no realismo maravilhoso, o prodígio meramente substitua o real. A questão consiste em apresentar o real, a norma, o "verossímil romanesco", para facultar ao discurso a sua legibilidade *como sobrenatural* (a recíproca é verdadeira: os *mirabilia* também são legíveis *como naturalia*). Neste processo, nesta "retórica de passagem", suspende-se a dúvida, a fim de evitar a contradição entre os elementos da natureza e da sobrenatureza. O efeito de encantamento do leitor é provocado pela percepção da contigüidade entre as esferas do real e do irreal — pela *revelação* de uma causalidade onipresente, por mais velada e difusa que esteja.

Em suma, a causalidade interna ("mágica") do realismo maravilhoso é o fator de uma *relação metonímica entre os dados da diégese*. Se no fantástico tínhamos uma relação metafórica entre a emoção e o evento antitético, agora a ausência do medo e da dúvida deslocam a figuração para o conceito de sistema do leitor. Já não se trata, portanto, do pacto lúdico, prazeiroso, de uma falsa similaridade entre o emotivo e o intelectivo. O encantamento do realismo maravilhoso é conceitual; é sério e revisionista da perda da imagem do mundo que o fantástico atestava. Isto talvez queira dizer que o jogo se radicalizou (Borges fala da fé poética que substitui a dúvida suspendida). Em todo caso, ao leitor desamparado e aterrorizado pela fuga do sentido no fantástico, é restituído o sentido: a fé na transcendência de um estado extranatural, nas leis meta-empíricas.

Neste resgate de uma imagem orgânica do mundo, o realismo maravilhoso contesta a disjunção dos elementos contraditórios ou a irredutibilidade da oposição entre o real e o irreal. A vacilação, expressada pela modalização ("me parece que...") — e largamente praticada pelo narrador ou personagem fantásticos —, não se inclui entre os seus traços discursivos. Os personagens do realismo maravilhoso não se desconcertam jamais diante do sobrenatural, nem modalizam a natureza do acontecimento insólito. No conto de Carpentier, *Viaje a la semilla*, Marcial, o marquês de Capellanías constata o percurso invertido dos relógios, que o leva da morte à vida, em etapas de retrocesso até o útero materno. Mas não se assombra, nem vacila. Só conjetura sobre "outras possibilidades":

> Como cuando se piensa, en enervamiento de vigilia, que puede andarse sobre el cielo raso con el piso por cielo raso, entre muebles firmemente asentados entre las vigas del techo. Fue una impresión fugaz, que no dejá la menor huella en su espíritu, poco llevado, ahora, a la meditación[16].

16. In Carpentier, *Guerra del tiempo*, 4ª ed., México, Cia General de Ediciones, 1967, 89. O conto foi publicado pela primeira vez em 1944.

O efeito de encantamento no leitor deste conto, provém do processo diegético que não antagoniza o prodígio e o real. Para questionar o sistema cultural "estável" do leitor, o narrador usa o procedimento de englobar o "relato ao contrário" (a história invertida da vida de Marcial, seções II a XII) no relato linear, cronológico da demolição de sua casa (seções I e XIII). A percepção da contigüidade entre o real e o irreal não deriva, contudo, da mera inserção do relato maravilhoso no relato realista, mas da desconstrução da causalidade explícita deste relato englobante. A lógica determinista que comanda a demolição da casa no início do conto ("Ya habían descendido las tejas, cubriendo los canteros muertos con su mosaico de barro cocido", 77), é transformada ("encantada") no relato ao contrário. O discurso inverte o roteiro dos relógios, mas não pela simples concatenação de episódios retrocedentes da vida do protagonista: cada ato, cada gesto se "desfaz", pela alteração da relação causa-efeito. Um exemplo: Marcial, devolvido à vida e moribundo, espera a morte em seu leito, mas

> Cuando el médico movió la cabeza con desconsuelo profesional, el enfermo se sintió mejor [82].

A frase é correta gramaticalmente, mas o conteúdo da causa está invertido (o gesto do médico deveria ser "animado" e não desconsolado). Ou ainda: o conteúdo do efeito está invertido (deveria ser: o enfermo sentiu-se "pior" e não "melhor"). Sintaticamente, a proposição é lógica, mas isolada do contexto, não o é semanticamente. Na verdade, ela só se torna inteligível quando o leitor aceita o princípio narrativo do conto do retrocesso do tempo: é esta transgressão inicial — da inversão da regra de consecução do relato (o efeito que antecede a causa) — que permite a alteração da regra de conseqüência (o efeito inadequado à causa ou vice-versa). Tal "desrealização" da lógica convencional contém, por um lado, uma denúncia lúdica daquela ilusão de sentido que todo relato tradicional pretende: *post hoc ergo propter hoc*, segundo a qual o leitor lê os acontecimentos narrativos consecutivos como se fossem conseqüentes[17]. Por outro lado, a narrativa realista maravilhosa superpõe ao jogo formal, neste caso, uma dimensão meta-empírica, capaz de justificar esse tipo de "lógica perversa". No conto "Viaje a la semilla", é precisamente

---

17. R. Barthes indicou esse traço estrutural de toda narrativa: "Tout laisse à penser, en effet, que le ressort de l'activité narrative est la confusion même de la consécution et de la conséquence, ce qui vient *après* étant lu dans le récit comme *causé par*." ("Introduction a l'analyse structurale des récits", *Communications*, nº 8, 1966, 10).

o poder mágico do negro Melchor que concentra a causalidade interna, difusa, que atribuíamos ao realismo maravilhoso. Do velho escravo da família cubana "criolla", que iniciara o menino Marcial nos ritos africanos, emana o poder encantatório de inverter o percurso dos relógios. Quando ele assiste à demolição da mansão colonial de seus senhores, faz "gestos extraños, volteando su cayado sobre un cementerio de baldosas" [cf. 80]. A partir de então, a motivação realista do conto se dissolve pela injunção de uma causalidade meta-empírica que legitima o retorno do tempo ao marco zero da "semente". Frases como: "(...) alcanzó la minoría de edad" [89] ou "Era el amanecer. El reloj del comedor acababa de dar las seis de la tarde." [84] — desconstroem tanto o efeito de real como o efeito de fantástico, para corrigir a convenção cultural do tempo progressivo, sem apelar para a modalização frásica.

Conforme já assinalamos, o evento sobrenatural não gera jamais a incerteza, pela afirmação ou negação da natureza ou da sobrenatureza. O leitor lê o prodígio, reconhecendo na regência da supracausalidade descontínua (o narrador não aprecia tal regência), a probabilidade de uma explicação transcendente, que inscreve, no bojo do real, a ordem da mitologia. Ao leitor "iniciado" pela magia de Melchor é propiciada a Revelação de um tempo *ao contrário*, que desconstrói a imagem do mundo sustentada pelo binômio razão/sem razão.

No realismo maravilhoso, o objetivo de problematizar os códigos sócio-cognitivos do leitor, sem instalar o paradoxo, manifesta-se nas referências freqüentes à religiosidade, enquanto modalidade cultural capaz de responder à sua aspiração de verdade supra-racional. Em *El reino de este mundo*, de Alejo Carpentier, a série de acontecimentos legendários que antecederam a independência do Haiti é sistematicamente vinculada ao pensamento mítico dos negros, para evitar o efeito de fantasticidade que converteria a própria História num impossível referencial. Utilizando um dos motivos clássicos da literatura fantástica, a licantropia, o escritor cubano destitui-lhe a notação sobrenatural, para inverter o significado de bestialidade e agressão que aquele gênero investira no fenômeno. Assim, as metamorfoses do escravo foragido Mackandal não se prestam para atormentar os homens, nem para criar no leitor qualquer dúvida sobre a possibilidade de transgredir a separação entre espírito e matéria, o mental e o físico[18]. Vinculadas à prática mágica da religião vodu, tais

18. No capítulo em que trata dos "temas do eu", Todorov analisa o conteúdo semântico mínimo da metamorfose fantástica, relacionando-o com o pan-determinismo [*ILF*, 119].

metamorfoses são "naturalizadas", ao adquirir uma função histórica e social de promessa de libertação para os negros haitianos:

> Todos sabían que la iguana verde, la mariposa nocturna, el perro desconocido, el alcatraz inverosímil, no eran sino simples disfraces. Dotado del poder de transformarse en animal de pezuña, en ave, pez o insecto, Mackandal visitaba continuamente las haciendas de la Llanura para vigilar a sua fieles y saber si todavía confiaban en su regreso. De metamorfosis en metamorfosis, el manco estaba en todas partes, habiendo recobrado su integridad corpórea al vestir trajes de animales. Con alas un día, con agallas al otro, galopando o reptando, se había adueñado del curso de los ríos subterráneos, de las cavernas de la costa, de las copas de los árboles, y reinaba ya sobre la isla entera [35-6].

No episódio posterior, da imolação de Mackandal na fogueira, os poderes mágicos deste revolucionário prestam-se à confrontação das formas de percepção de um acontecimento narrativo, de modo a contrapor a fé primitiva dos negros e a racionalidade dos homens brancos. Estes, descrentes de milagres, assistem ao espetáculo de uma execução cruel, que supõem servirá de escarmento aos rebeldes haitianos. Para os negros, contudo, o mandinga, dotado dos "Altos Poderes de la Otra Orilla", liberta-se das ataduras e do fogo e alça um grande vôo sobre a multidão (Parte I, cap. 8, 40-42). Neste caso, a informação crítica sobre a realidade consiste em postular a coexistência não-conflitiva (para o leitor) num mesmo espaço e tempo, de duas modalidades de relação pragmática. A ausência de vacilação faz da mitologia vodu uma causa transcendente que "explica" o evento impossível, de tal modo que o leitor não é solicitado a optar pela versão natural ou pela sobrenatural, mas a revisar a separação dessas duas zonas de sentido.

Muitas vezes, a causalidade interna do relato que justifica o impossível em ótica racional, tem que ver com as profundas raízes autóctones de um povo, em cujo universo cultural (ainda que dessacralizado) se desenvolve a ação. Em *Los ríos profundos* (1958) de José María Arguedas, o retorno dos valores da cultura incaica, reprimidos pela colonização espanhola, produz no leitor uma inquietação conceitual, a cada descrição de objetos ou notação etimológica dos vocábulos quéchuas. Flores, aves, insetos, rios, vales, instrumentos musicais parecem nesse romance estar dotados de uma energia extranatural, graças à predicação animista, que reflete a concepção dinâmica da cosmogonia incaica. Um destes objetos privilegiados é o *zumbayllu* ("pião"), cujo poder encantatório começa pela própria composição heterogênea do vocábulo: *zumbar*, em espanhol designa certo tipo de ruído contínuo, como o esvoaçar de pequenos insetos; *yllu*, em quéchua tem o mesmo significado, equivalente a zumbir, em portu-

64

guês. Contudo, esta desinência vai além de um mero reforço para a notação realista da onomatopéia de *zumbar*. O parentesco fonético com *illa* a inscreve num vasto campo semântico de seres extranaturais: *Illa* — explica Arguedas — pode ser uma espécie de luz que engendra monstros e os próprios monstros por ela feridos (um menino de duas cabeças, um bezerro nascido sem cabeça, uma espiga de milho cujos grãos formam rodamoinhos, um touro mítico subaquático, etc.). Seu traço característico é provocar o bem ou o mal, porém em máximo grau. "Tocar un *illa* y morir o alcanzar la resurrección, es posible"[19]. Tais cruzamentos lingüísticos fazem do *zumbayllu* um brinquedo especial, do qual somente os meninos índios conseguem extrair o rodopio musicado. Sua inclusão em uma zona maravilhosa de significação, produz o efeito de encantamento no protagonista:

> El canto del *zumbayllu* se internaba en el oído, avivaba en la memoria la imagen de los ríos, de los árboles negros que cuelgan de las paredes de los abismos [74-5].

A busca da contigüidade entre as ordens física e metafísica requer do discurso realista-maravilhoso a representação dos *realia* (a narração tética), de cuja asserção depende o verossímil da representação do maravilhoso (a narração não-tética). Mas enquanto no Fantástico o universo familiar e cotidiano é convocado para instaurar uma contrariedade insolúvel com a ordem sobrenatural, no realismo maravilhoso, o tético e o não-tético combinam-se harmonicamente, sem antagonizar as duas lógicas. Em *Pedro Páramo* (1955), de Juan Rulfo, Comala é o povoado mexicano, cuja realidade física e espacial é afirmada inicialmente pela narração em primeira pessoa de Juan Preciado, que ali chega em busca do pai:

> Vine a Comala porque me dijeron que acá vivía mi padre, un tal Pedro Páramo (...). Era ese tiempo de la canícula, cuando el aire de agosto sopla caliente, envenenado por el olor podrido de las saponarias[20].

Mas a realidade desse espaço amaldiçoado e arruinado pela frustração amorosa do *terrateniente* Pedro Páramo é simultaneamente negada pela narração em terceira pessoa, conduzida pelos fantasmas do lugar que falam de suas culpas e remorsos. Contudo, nenhuma fratura entre a presumível realidade inicial de

19. J. M. Arguedas, *Los ríos profundos*, 4ª ed., Buenos Aires, Losada, 1973, 70.
20. J. Rulfo, *Pedro Páramo*, 6ª ed., México, Fondo de Cultura Económica, 1964.

Juan Preciado e a irrealidade das vozes fantasmais expõe o leitor ao calafrio do macabro. Tampouco são perceptíveis as transições entre as referidas instâncias narracionais. Os fragmentos vão justapondo cenas e diálogos do presente e do passado, numa (des)--ordem que visa criar o torvelinho temporal. A excessiva generalização do "fantasma" (*todos* estão mortos em Comala), dissolve a fantasticidade do romance. Os fantasmas são presenças corpóreas, que agem como se fossem vivos:

> Estoy aquí boca arriba, pensando en aquel tiempo para olvidar mi soledad. Porque no estoy acostada sólo por un rato. Y ni en la cama de mi madre, sino dentro de un cajón negro como el que se usa para enterrar a los muertos. Porque estoy muerta [79].

Os exemplos da conversão do maravilhoso em real e vice-versa poderiam multiplicar-se em obras de Asturias, Carpentier, J. M. Arguedas, Roa Rastos, Vargas Llosa e Onetti. Mas é, sem dúvida, García Márquez quem explora à saciedade a não antinomia dos planos real e maravilhoso, exagerando o efeito discursivo do encantamento no leitor. Em *Cien años de soledad* (1967), o narrador não só inverte a relação pragmática do leitor com a maravilha, como também inverte essa relação com a realidade. No primeiro caso, figuram os acontecimentos prodigiosos, narrados com dados realistas: a ascensão de Remedios la Bella, a volatização do armênio na feira, a levitação do padre Reyna, as diversas ressurreições de mortos, a personificação da morte, etc., etc. Nestes episódios, os personagens participantes jamais se assombram ou padecem dúvidas; ao contrário, os tomam por triviais, destituídos de mistério. No segundo caso estão os fatos ou objetos reais, como o gelo, a redondez da terra, a bússola, a fotografia, o ímã, a pianola de Pietro Crespi, a dentadura de Melquíades, diante dos quais os personagens ficam atemorizados, desconcertados ou fascinados[21].

Os procedimentos para produzir a imagem de uma "realidade total" são, como tentamos demonstrar, tão variados na

---

21. M. Vargas Llosa analisou o procedimento do "contraponto do real objetivo e do real imaginário", cuja função é determinar o "elemento añadido" da realidade fictícia (inversão dos materiais que configuram o modelo da "realidade real"). O desígnio desses saltos do narrador seria a edificação de uma "realidade total". (cf. *García Márquez: historia de un deicidio*, Barcelona, Seix Barral, 1971, 565-76). Para Josefina Ludmer, a empresa narrativa de *Cien años* é a reconstituição de uma totalidade, porém dual e indivisa, programada na abertura do romance e mediatizada pela oposição disjuntiva e não disjuntiva, que os personagens representam. (Cf. *Cien años de soledad: una interpretación*, Buenos Aires, Tiempo Contemporáneo, 1972, 169).

ficção realista maravilhosa quanto as possibilidades de invenção da trama, das relações entre os personagens, das articulações sintáticas dos acontecimentos e da própria técnica de narrar. Mas como constante, pode-se assinalar que esse tipo de ficção apresenta uma busca de *neutralização da censura*, imposta pelos modelos culturais institucionalizados. Reinventando, a partir da tradição romanesca, seu sistema de representação literária visa anular a discriminação entre a natureza e a sobrenatureza, pela rejeição da arbitrariedade da norma e da repressão contida no jogo dos contrários.

Neste sentido, pode-se estabelecer outro pólo de confrontação entre o realismo maravilhoso e o fantástico. Se comparamos as experiências de leitura de ambas modalidades narrativas, não mais do ângulo do efeito discursivo imanente, mas nos termos de uma função social e moral do texto, poder-se-á observar que a *experiência axiológica* do leitor do realismo maravilhoso supera certas limitações e condicionamentos impostos pelo antagonismo entre o real e o irreal. Observa Louis Vax que o fantástico nos põe em contato com o Mal. E por isto rechaça as entidades do "sobrenatural certificado" (Deus, a Virgem, os santos, os anjos, os bons gênios, as boas fadas) e inclina-se para a loucura, a morbidez, a feiúra, o satânico. A complascência do fantástico para os valores negativos produz, além do medo, a reprovação e o nojo, nascidos do "escândalo moral" que o leitor prova ao contato com seres que encarnam as tendências perversas e homicidas do homem[22]. Pode-se deduzir daí que o fantástico se torna, pragmaticamente, uma atividade de exorcismo, que acaba por liberar o leitor dos monstros e bestas que ameaçam o seu equilíbrio. As emoções de medo ou horror, bem como a sensação de nojo dos seres ameaçadores ou monstruosos glorificam uma concepção maniqueísta do mundo: o Bom, o Bem, o São e o Divino saem vencedores no conflito com o Mal. A problematização do real no fantástico assume, neste sentido, o caráter de uma luta primordial entre forças antagônicas, da qual saem vitoriosos os valores que o pensamento logocêntrico aceita como positivos. Daí ser justa a comparação feita por Vax entre as emoções do leitor do fantástico e a febre benigna provocada por uma vacinação[23].

Todorov também aborda o problema da função social do fantástico, através de sua liberdade de tratamento dos temas condenados pela censura institucionalizada:

22. L. Vax, *op. cit.*, 10-1 e 121-2.
23. *Idem, ibidem*, 123.

La fonction du surnatural est de soustraire le texte à l'action de la loi et par là mêmê de la transgresser [*ILF*, 167].

Mas é preciso assinalar que a transgressão que não dissolve a oposição das duas lógicas serve para tornar a lei mais sensível. A liberdade de tratar os temas não aceitos pela literatura oficial não conleva necessariamente uma mutação ideológica. Por trás da aparência de contracultura ou da recusa da legalidade burguesa (jurídica, científica, moral) esconde-se uma posição conservadora que mantém vigentes os interditos dos deveres sociais. Observa Irène Bessière que a "marginalidade" da literatura fantástica, manifesta na sua obsessão pelo mito e pelo simbólico, é a expressão de uma obscura exigência de ordem permanente. E acrescenta a autora:

Les thèmes des surhommes, des grands ancêtres, des êtres venus d'ailleurs, des monstres, traduisent la peur et l'eloignement de l'autorité, mais aussi la fascination qu'elle exerce et l'obeissance qu'elle suscite: l'insolite expose la faiblesse de l'individu autonome et la rencontre d'un maître légitime [*RF*, 25].

Complementando, pode-se dizer que assim como nos temas, na própria metáfora constitutiva do fantástico está implícita a afirmação conformista da autoridade. Por isso o medo (elemento emotivo) do não sentido (elemento intelectivo) só pode ser uma provação para o leitor, desde que seja motivado pelo seu próprio desejo de preservar a norma dos seus quadros sócio-cognitivos[24]. Por isto o sentimento do "Unheimliche" (estranheza inquietante), que Freud descreveu em um de seus ensaios, aplica-se com justeza ao efeito de fantasticidade[25]. O leitor teme o "familiar reprimido", enquanto signos da outridade que ameaça a sua ordem de valores estabelecida.

24. Bessière, *RF*, 25. Outro aspecto relevante para a ideologia do fantástico é o conteúdo alienante da passividade do herói, que não age, mas que sofre e aprecia o acontecimento insólito. A narração desencadeada pela questão "o que me aconteceu?", coloca-se sob o signo do *acontecimento* e não da *ação* — o que sugere, neste "estranhamento da atualidade", que o agir não é pertinente no mundo da alienação [*RF*, 24].

25. "Das Unheimliche" (1919), traduzido para "L'inquiétante étrangeté", pertence ao livro de Freud, *Essais de psychanalyse appliquée*, Paris, Gallimard, 1933, 163-211 (reedição em 1971). O aproveitamento do aparato doutrinário da Psicanálise tem enriquecido notavelmente a teoria do relato fantástico, sobretudo a partir da redescoberta desse texto de Freud, cujas complexidades e dificuldades foram objeto de exegese por H. Cixous, "La fiction et ses fantômes. Une lecture de *L'unheimliche* de Freud", *Poétique*, nº 10, 1972, 199-216, e por B. Périgot, "L'inquiétante étrangeté. Note sur l'Unheimliche", *Littérature*, nº 8, dez. 1972, 100-6.

Como contrapartida, o realismo maravilhoso propõe um "reconhecimento inquietante", pois o papel da mitologia, das crenças religiosas, da magia e tradições populares consiste em trazer de volta o "Heimliche", o familiar coletivo, oculto e dissimulado pela repressão da racionalidade. Neste sentido, supera a estrita função estético-lúdica que a leitura individualizante da ficção fantástica privilegia. Enquanto esta "confirme la solitude du lecteur, circonscrit sa liberté au domaine de l'imaginaire et achève la rupture de la littérature avec le réel" [*RF*, 26], o realismo maravilhoso visa tocar a sensibilidade do leitor como ser da coletividade, como membro de uma (desejável) comunidade sem valores unitários e hierarquizados. O efeito de encantamento restitui a função comunitária da leitura, ampliando a esfera de contato social e os horizontes culturais do leitor.

A capacidade do realismo maravilhoso de dizer a nossa atualidade pode ser medida por esse projeto de comunhão social e cultural, em que o racional e o irracional são recolocados igualitariamente. Em um século pós-positivista, o texto literário sujeito ao jogo das antinomias, ao princípio da não-contradição, à simbologia do Mal parece estar privado da linguagem da modernidade, pelo menos no estágio em que esta questiona aqueles valores que lhe deram assentamento histórico. A literatura fantástica aparece, como é sabido, ao termo do Século das Luzes, no momento em que entra em crise a conciliação religiosa dos discursos da natureza e da sobrenatureza[26]. Absorvendo a noção dos verossímeis exclusivos (até então sustentada pela filosofia da era da representação) o relato fantástico os antagoniza, sob a forma da *simulação* das probabilidades de explicação do acontecimento insólito. Com a sua relação antinômica específica dos verossímeis de ambos os discursos, a ficção fantástica acolhe o

---

26. Para Borges, *Vathek*, de William Beckford (1795), é a primeira obra que contém o "unheimliche", de que falava Freud (cf. *Otras inquisiciones*, Buenos Aires, Emecé, 1964, 187-192). Para Todorov, *Le manuscrit trouvé à Saragosse* (1804), de Jan Potocki é o romance que inaugura a tradição do relato fantástico (*op. cit.*, 31). Outros críticos, como Wise e Fraser, atribuem a *The castle of Otranto* (1764), o nascimento dos relatos de horror. Como se sabe, foi o cenário deste romance, um castelo gótico do século XIII, que deu o nome à série dos "romances góticos", de caracteres esquemáticos e espaços horripilantes. As obras mestras do novo gênero aparecem entre 1820 e 1850, segundo Roger Caillois, mas é pelo menos até o fim do século XIX que se registra o período de máxima expansão da contística fantástica (cf. Caillois, *Anthologie du fantastique*, Paris, Gallimard, 1966, 2 vols. e também H. Wise e P. Fraser, *Great tales of terror and the supernatural*, N. York, The Modern Library, 1944, XIII).

progressivo afastamento da Idéia, do centro de Sentido, com o qual o idealismo da doutrina cristã havia se comprometido[27]. Por isto, o nascimento da literatura fantástica coincide com a laicização do pensamento teológico, para fazer, conforme Irène Bessière, "de la lettre le moyen de lire l'improbable, c'est-à-dire l'irrecevable" [RF, 68]. Sua evolução está marcada pelo aproveitamento estético dos debates culturais do seu tempo, como os de caráter religioso (nos seus começos, o tema predileto é o pacto diabólico) e os de caráter científico e para-científico (depois de 1830, renova-se com a influência da neuropatologia, do magnetismo, da parapsicologia). Essas mesmas referências históricas que deram impulso à sua fantasia são atualmente incapazes de provocar emoções no leitor. Para alguns analistas, como Todorov, seu ciclo se fecha nos fins do século XIX, quando a Psicanálise não só lhe usurpa os temas, mas também explica os fantasmas à luz do pan-determinismo da atividade psíquica [ILF, 169-170]. Já Irène Bessière considera que as inovações nas ciências psíquicas apenas tornaram caducos os motivos clássicos da literatura fantástica, que volta a prosperar ao contato de outras influências (biologia, física nuclear, espiritismo, telepatia, etc.) e pelo uso de temas relacionados com o antropocentrismo [RF, 144-7]. No entanto, os traços básicos desse momento de renovação — segundo a Autora, contidos na obra de Borges, Bioy Casares e Cortázar [cf. RF, 148-59] — não têm estrito parentesco com os da literatura fantástica ortodoxa: a dúvida racional se dissolve, a emoção do medo não é significada mais pelo discurso, o insólito se generaliza, o relato descentraliza o enigma do acontecimento, que não se desenvolve como bifurcação antinômica das probabilidades externas da explicação do "fantasma".

Tais transformações não devem supor uma "evolução do fantástico". Esta designação só abrange a ficção vinculada aos princípios psicológicos e aos procedimentos narrativos deles derivados, conforme já descrevemos no começo deste capítulo. Tampouco se deve deduzir que o realismo maravilhoso seja um prolongamento natural, ou outra versão, da literatura fantástica: os traços narrativos e culturais daquele contêm uma visão crítica da ideologia da fantasticidade e o seu estatuto narrativo está, a rigor, afinado com a linhagem milenar do conto maravilhoso (e com a do seu ancestral, o mito) à qual se soma a mais recente do realismo romanesco (esta relação será examinada em detalhe

27. A caracterização da modernidade como ruptura com o platonismo e valorização do Simulacro é de Gilles Deleuze ("Platon et le Simulacre", *Logique du sens*, Paris: Minuit, 1971, 192-206.

no Cap. 6). A confrontação dessas duas tradições – a popular e a culta, a ingênua e a elaborada, a oral e a escrita – lhe provê a plataforma textual, o corpo de motivos, o tom narracional e a própria inflexão ideológica.

Na América Hispânica não é a obra de Borges, ou a de seus seguidores Bioy Casares e Cortázar, que explora às últimas conseqüências estéticas e de significação o realismo maravilhoso. Mas é certamente a ficção borgiana que rompe com os velhos esquemas narrativos, substituindo a anacrônica inquietação emotiva do relato fantástico hispano-americano romântico (de Fernández Lizardi, Ricardo Palma ou Roa Bárcena) e modernista (de Amado Nervo, Leopoldo Lugones, Clemente Palma ou Horacio Quiroga). A inquietação conceitual borgiana dá a partida para a revisão da metafísica do real e do imaginário que impulsa a nova modalidade de ficção. Borges não apenas supera os cacoetes discursivos da tradição literária do fantástico, na invenção de situações, motivos e personagens, mas faz também a crítica explícita que aponta, metalingüisticamente, as diretrizes da ficção pós-fantástica. Um desses momentos exemplares se dá no conto "Tlön, Uqbar, Orbis Tertius", quando o narrador, ao folhear a Enciclopédia do planeta (ir)real anuncia programaticamente o objeto do relato:

> Me puse a hojearlo y sentí un vértigo asombrado y ligero que no describiré, porque ésta no es la historia de mis emociones sino de Uqbar y Tlön y Orbis Tertius (*Ficciones*, 18).

A notação do elemento emotivo comparece ainda no texto, mas com uma inflexão crítica e irônica do próprio efeito da fantasticidade, que a converte em epitáfio da literatura fantástica e aponta já para novos caminhos ficcionais.

4.2. *A enunciação problematizada*

Retomando o esquema da comunicação narrativa, o segundo pólo que cumpre descrever no conjunto das relações pragmáticas é o da enunciação – relação orientada do emissor para o signo (E↗S). A enunciação de um relato (ou narração) supõe uma "função de narrador" inscrita no texto, correlata àquela "função de leitor" que examinamos na significação discursiva do efeito de encantamento.

Admitindo dois níveis operacionais da análise do texto narrativo – o do relato (ou história) e o do discurso – pode-se igualmente desdobrar a atividade do narrador em duas instâncias diferenciadas: como *foco narrativo* ou como *voz*. A relação entre o narrador e a história (designada freqüentemente como foco,

71

ponto de vista, perspectiva, visão, ou ainda ângulo de visão) refere-se ao modo como o narrador vê os acontecimentos, como apresenta o conteúdo, como representa as distâncias, os tipos de registro assumidos, a focalização dos personagens e da ação. Analisar essa instância da atuação do narrador implica, pois, responder à pergunta "quem vê?" Diversamente, para analisar a voz do narrador implica responder a "quem fala?", enfocando o movimento narrativo, não dirigido ao enunciado, mas à própria enunciação. A relação do narrador com o narratário (ou receptor), a sua constituição em situação narrativa, seu tempo, seu processo, seu modo de produzir os significantes — são o objeto de estudo da voz e, portanto, da relação entre o sujeito da enunciação e o seu discurso[28].

A diferença entre foco e voz (muito comumente confundidas na análise da narrativa), permite apontar um traço capital do realismo maravilhoso no plano da enunciação: a função do narrador constitui a sua *performance* como voz, através do questionamento da sua *performance* como foco. Pode-se dizer, sem risco de exagero, que a renovação da linguagem ficcional hispano-americana tem como eixo a problematização da perspectiva narrativa e a conseqüente crítica do próprio ato de contar. As obras mais representativas do realismo maravilhoso manifestam, em maior ou menor grau, o fenômeno do "desmascaramento do narrador", abrindo um processo análogo à produção do efeito de encantamento no leitor: o questionamento do ato produtor da ficção involucra a revisão da convenção romanesca do real. A superação das técnicas de ocultamento do narrador se caracteriza pela auto-referencialidade dos mecanismos da enunciação e pela explicitação do "metatexto", como processos que asseguram uma nova concepção do real, através do deslocamento do interesse do leitor da história para o sujeito da enunciação.

O problema da relação entre o autor e a sua representação textual tem sido a máxima preocupação dos teóricos da narrativa, sobretudo quando tentam especificar o estatuto da ficção moderna e as variantes que recobre ao longo de sua história. O exame da modernidade do realismo maravilhoso deve começar necessariamente pela confrontação dos seus mecanismos de questionamento da enunciação com os de ocultamento da voz geradora do texto, peculiar do realismo tradicional. O sentido ideo-

---

28. A necessidade da distinção entre foco e voz para o estudo da ficção moderna foi proposta por G. Genette (*Figures III*, Paris, Seuil, 1972, 203-6 e 225-7).

lógico do ocultamento do narrador já foi assinalado por Barthes, em um ensaio clássico sobre a narrativa:

(...) pour le courant, notre societé escamote aussi soigneusement que possible le codage de la situation de récit; on ne compte plus les procedés de narration qui tentent de naturalisar le récit qui va suivre, en feignant de lui donner pour cause une occasion naturelle, et, si l'on peut dire, de le 'désinaugurer': romans par lettres, manuscrits prétendument retrouvés, auteur qui a rencontré le narrateur, films qui lancent leur histoire avant le générique. La répugnance à afficher ses codes marque la société bourgeoise et la culture de masse qui en est issue: à l'une et à l'autre il faut des signes qui n'aient pas l'air de signes[29].

O disfarce da situação de relato faz largo apelo aos clichês da motivação realista, cuja eficácia se apóia na confiança ingênua do leitor ou na sua exigência de ilusão. Tomachevski ressalta que a introdução de motivos realistas se faz ora segundo um compromisso com a sua probabilidade objetiva numa dada situação, ora com a tradição literária. No segundo caso, o mecanismo de seu emprego conduz a freqüentes absurdos, como o salvamento do herói ante a morte iminente, ou o parentesco reconhecido no último ato das comédias[30].

Contudo, além de tais clichês, os tipos de registro narracional colaboram no realismo para obliterar a situação de relato. As modalidades de onisciência do ponto de vista ou as de dramatização (respectivamente a narração de terceira pessoa, ou "dizer" e a apresentação cênica, ou "mostrar") revelam ora a vontade de controle absoluto da matéria (e do leitor), ora a vontade de objetividade e impessoalidade. (Esta, como se sabe, chegou a ser o lema dos romancistas dos fins do século passado.) A diversidade de métodos de emprego do ponto de vista no romance tradicional não escondem, contudo, uma grande semelhança ideológica, que pode ser comprovada pelo corpo de teorias sobre essa questão. Sem pretender repassar aqui todas elas, destacaremos algumas propostas que tenham evidenciado, em sua tentativa de classificação dos pontos de vista, as preocupações históricas e os objetivos literários do ato narrativo.

4.2.1. Da diégese à metadiégese

A longa controvérsia sobre os vícios e as virtudes da narração objetiva (ausência do narrador) e da narração subjetiva (presença ostensiva do narrador), ou a simples admissão de opo-

29. Barthes, "Introduction a l'analyse structurale des récits", 22.
30. Cf. Tomachevski, "Thématique", 285-6.

sição entre elas surgida já no romantismo alemão com Schlegel, Schiller e Goethe — marcarão os esforços sistematizadores de Spielhagen (1883), Friedman (1910) e Percy Lubbock. Este último (em *The craft of fiction*, 1921) ressaltou a importância do ponto de vista (enquanto relação que o narrador mantém com a história que conta), para a elaboração do romance. A dramatização (integração do narrador na história, em primeira ou terceira pessoas) figura como mais eficaz que a onisciência (apresentação panorâmica dos fatos), justamente porque permite o *apagamento do autor* e o contato direto do leitor com a história. Tal manipulação da "objetividade" produz uma espécie de ilusão de presenteidade dos acontecimentos narrados, que elimina o apelo à autoridade exterior ao relato[31].

A defesa da ilusão do leitor também preocupou Norman Friedman (*Point of view in fiction:* the development of a critical concept, 1955), que, por sua vez, sistematizou vários "graus de objetividade" do ponto de vista, fundados na oposição dizer/mostrar: onisciência do autor/editor, onisciência neutra, o eu-testemunha, o eu-protagonista, onisciência multisseletiva, onisciência seletiva, o modo dramático, a "câmera". A eficácia de cada um repousa no objetivo primordial da ficção: produzir tipos de ilusão completa de realidade no leitor, mais facilmente lográveis se o manipulador da matéria *se ausenta para mostrar*. A defesa do disfarce da situação de relato se formula a partir do exame dos defeitos da onisciência total do narrador, que se intromete no desenvolvimento dos fatos, para analisá-los, controlando ostensivamente a percepção da história. Wayne Booth (*Rhetoric of Fiction*, 1961) não aceitou a valorização do modo cênico (produzir ilusão), para propor que o objetivo do romancista é comunicar-se com os seus leitores, ou seja, impor-lhes o seu mundo fictício, conduzindo-os assim a compartilhar um certo sistema de valores. Uma consciência centralizadora, organizadora do relato (autor implícito) manipula as "distâncias" — intelectual, física, emocional, moral — não só com respeito ao leitor, mas também com os personagens e o narrador representado, de modo a controlar a confiança do leitor ou atrair a sua simpatia.

O exercício de tão variada gama de poderes faz-se por uma modalidade de onisciência voltada para a história e os personagens. As intromissões ou digressões do narrador se desviam de todo questionamento de sua *performance* para informar, avaliar,

---

31. O breve exame que fazemos das teorias sobre o ponto de vista baseiam-se no artigo-síntese de Françoise Van Rossum-Cuyon, "Point de vue ou perspective narrative", *Poétique*, nº 4, 1970, 476-97.

orientar, resumir, controlar o suspense, etc. – sempre com respeito aos personagens e com o curso da ação. Entidade todo-poderosa que só molda o discurso pelas intervenções ou pelo manejo do conhecimento total da matéria, o narrador onisciente gosta de pontificar como máxima autoridade doadora dos fatos. E mesmo quando "conversa" com o leitor, o tom coloquial funciona como instrumento de controle da informação, como, por exemplo, em *Cecilia Valdés* (1882), de Cirillo Villaverde. Neste romance, o narrador ao apresentar a protagonista pretexta desconhecer a sua origem bastarda, para exibir o seu conhecimento "científico" sobre questões raciais:

> (...) se advertía en el color del rostro, que sin dejar de ser sangüíneo, había demasiado ocre en su composición, y no resultaba diáfano ni libre. ¿A qué raza, pues, pertenecía esta muchacha? Difícil es decirlo. Sin embargo, a un ojo conocedor no podía esconderse que sus labios rojos tenían un borde o filete obscuro y que la iluminación del rostro terminaba en una especie de penumbra hacia el nacimiento del cabello. Su sangre no era pura y bien podía asegurarse que allá en la tercera o cuarta generación estaba mezclada con la etíope[32].

Avançando uma tipologia das modalidades de narração, Genette estabelece uma oposição entre o modo mimético e o modo diegético (mostrar e contar), segundo uma fórmula: Informação + Informador = C. Segundo esta proposta, a quantidade de informação e a presença do informador estão em razão inversa, de modo que a mimese se define pelo máximo de informação e o mínimo de informador e a diégese pela razão inversa[33]. É preciso assinalar, contudo, que no romance de tipo tradicional, o que se informa sobre o informador não diz respeito à sua *performance* narrativa, mas sim à sua qualidade de entidade extratextual (autoral). Não resulta difícil inferir, portanto, que a onisciência (total ou parcial) constitui outra modalidade de disfarce: seu poder de controle moral e emocional do leitor provém da autoridade autoral, enquanto entidade inquestionável que *visa obliterar a contingência do ato narrativo*. Pode-se dizer que a onisciência, configurada na posição narrativa que Pouillon denomina "visão por trás", engendra uma *ilusão invertida*: em vez de se criar no leitor a ilusão absoluta de realidade, pelo privilégio

32. Cirilo Villaverde, *Cecilia Valdés, Novela de costumbres cubanas*, México, Porrúa, 1972, 7.

33. G. Genette, *Figures III*, 187. O A. recusa a expressão "narração em primeira ou terceira pessoa", que prefere substituir por narração de tipo homodiegético (narrador presente na história) e heterodiegético (narrador ausente da história) (Cf. *ibidem*, 252).

do ponto de vista, agora é o próprio autor quem se ilude, ao pretender-se uma autoridade inquestionável. O disfarce da situação de relato é equivalente, nesse caso, àquele que abdica de toda intromissão explícita do autor, quando instaura, para obter a neutralidade, uma espécie de "branco" (quem conta?) no pólo de emissão do relato[34].

Na ficção hispano-americana o exercício narrativo da "visão por trás" foi amplamente praticado nas diversas modalidades históricas do romance romântico (sentimental, de costumes, de época, etc.), bem representadas por José María Gutiérrez, Juan Bautista Alberdi, Eugenio Díaz, Manuel Payno, Cirillo Villaverde, José Mármol, Alberto Blest Gana, Jorge Isaacs, Ignacio Manuel Altamirano[35]. Conquanto o romance naturalista tenha introduzido a "visão de fora", a discrição e a impassibilidade do narrador frente à matéria (são exemplos Eugenio Cambaceres e Mariano Azuela), é notável a persistência da instância onisciente, tanto na segunda geração naturalista, já dentro do modernismo (Manuel Díaz Rodríguez, Enrique Larreta), como até no romance mundonovista, bem entrado o século XX. Este tratou de superar as limitações do naturalismo, no que aos temas se refere, com o deslocamento do interesse da *cidade* para os *elementos telúricos,* em busca de um espaço americano autêntico (selva, monte, rio, pampa, etc.). Contudo não se operou um esforço equivalente no plano do discurso. Assim, em *Doña Bárbara* (1929), que por sobradas razões figura como obra clássica dentro da orientação mundonovista, Rómulo Gallegos elabora o conflito (mitificado) entre civilização e barbárie, mitificando a enunciação. O conteúdo fortemente esquematizado, configura a disjunção absoluta dos contrários: cidade/campo (cultura/natureza); Santos Luzardo/Doña Bárbara (espírito/matéria); Altamira/El Miedo (luz /trevas). A mesma disjunção aparece na relação narrador/leitor: a onisciência absoluta da enunciação persegue um projeto de edificação moral e política do receptor, com promessas e profecias de um auspicioso destino americano. Disfarçado de Deus, onissapiente e onipresente, o narrador se conduz como o criador mítico do universo, exercendo pleno domínio sobre o leitor e marcando o que se pode denominar *função ideológica.* É exemplo a passagem:

34. Os termos "visão por trás" e "de fora" são tomados de J. Pouillon, *Tiempo y novela*, Buenos Aires, Paidós, 1970, 69-94.

35. Veja-se a análise das intervenções do narrador num típico romance realista hispano-americano, por Cedomil Goic, em *Historia de la hispanoamericana*, Valparaiso, Universitária, 1972, 57-64.

Era la decadencia que ya había comenzado. La mujer indomable que ante nada se había detenido, se encontraba ahora en presencia de algo contra lo cual no sabía luchar (...).

Comenzaba a reinar la sequía. Ya era tiempo de picar los rebaños que ignoraban el camino de los bebederos o lo olvidaban en el tormento de la sed. Cangilones de caños ya enjutos atravesaban, aquí y allá, los pardos gamelotes y a los rayos ardientes del sol, bajo las costras blanquecinas de las terroneras, las pútridas ciénagas eran como úlceras pestilentes que se cicatrizaban sin curarse (...).

Grandes bandadas de zamuros, ávidos de carroña, revoloteaban sobre aquellas charcas. La muerte es un péndulo que se mueve sobre la llanura, de la inundación a la sequía y de la sequía a la inundación[36].

A enunciação exerce o seu poder de persuasão ao concretizar o conteúdo abstrato (a decadência) na representação alegórica. A circulação do significado, do espaço para o personagem, se rege pela transposição dos atributos de cada um. E a alegoria acaba funcionando como matéria didática: Doña Bárbara está para a decadência assim como a natureza do *llano* está para a seca.

A enunciação na narrativa *é* a própria visão do mundo. O discurso explicativo e moralista traduz uma *ideologia*, ou seja, corpo de preceitos que constitui uma visão da realidade e um sistema transitório de valores. Em *Doña Bárbara*, a predicação maniqueísta da realidade americana se enuncia pela disjunção dos pólos da comunicação narrativa, em concordância com a dicotomia ensaiada por Sarmiento, em *Facundo* (1845), entre civilização e barbárie e com os ideais do pensamento arielista, ainda predominante na época[37]. Basicamente esses ideais consistiam em construir uma cultura superior, formada por dirigentes esclarecidos — uma espécie de aristocracia intelectual — que se encarregariam de educar as massas ignorantes (eliminar a barbárie, ou, como se diz hoje, o subdesenvolvimento). O ideal latino-americano de construção de uma sociedade moderna e democrática (sobretudo antimaterialista) propunha, assim, a educação como solução social, sempre orientada por um grupo seleto de dirigentes idôneos. O mito da nivelação de cima para baixo reproduziu-se amplamente na ficção dos anos vinte, não só nos temas, mas também nos níveis mais sutis do discurso[38].

36. R. Gallegos, *Doña Bárbara*, 28ª ed., Buenos Aires, Espasa-Calpe, 1971, 247-8.

37. Para a noção de "arielismo" no pensamento americanista deste século, veja-se o tópico 5.2.4, do próximo capítulo.

38. O próprio Rómulo Gallegos defendia o predomínio de uma elite intelectual na condução dos destinos latino-americanos, alegando que as idéias-força de uma sociedade não podiam surgir de baixo, "pues lo inferior no puede dar nacimiento a lo superior" ("Necesidad de valores

Pode-se pensar que a substituição da perspectiva olímpica do narrador pela representação em primeira pessoa signifique a libertação dos disfarces que viemos analisando. Se, em muitos casos, a narração em instância pessoal aparece como uma solução mais justa e poética para o tratamento da matéria, relativizando o ponto de vista, nem por isto o narrador pode tirar a máscara de suprema autoridade da ficção. A tentativa de Ricardo Guiraldes, em *Don Segundo Sombra* (1926) ilustra bem o curto alcance de uma perspectiva flexível que não consegue instaurar uma voz crítica de sua própria *performance*. O narrador-protagonista é um "eu" que ocasionalmente tenta quebrar a ilusão realista (que a presentificação dos fatos do passado vai assegurando), através de alusões à seletividade dos episódios, à ordenação cronológica dos fatos, ao papel da recordação do vivido na composição do romance, etc. Contudo, essas auto-referências só atingem o enunciado, jamais a enunciação, que requereria uma posição crítica do ato de contar. A escritura do romance, exercida de uma situação de "gaúcho aposentado e letrado", engaja-se numa atitude narracional de pleno domínio dos fatos recordados, análoga à do narrador olímpico. *La vorágine* (1924) de José Eustasio Rivera opta também pela pessoalidade da narração, mas não consegue superar os moldes tradicionais do relato realista. O narrador omite qualquer questionamento da enunciação, além de invocar, no prólogo, um dos clichês já então surrados da motivação realista: o autor comunica a um ministro que a publicação do romance obedeceu fielmente aos manuscritos de Arturo Cova, o herói-narrador[39].

A coincidência entre o sujeito do enunciado e o sujeito da enunciação não traz em si mesma qualquer desvinculação dos mecanismos de disfarce do narrador. Opina Todorov que o sujeito da enunciação de um texto em que um personagem diz "eu" se torna ainda mais dissimulado.

> El relato en primera persona no explicita la imagen de su narrador, sino que por el contrario la hace aún más implícita. Y todo intento de explicitación sólo puede conducir a una disimulación cada vez más perfecta del sujeto de la enunciación; este discurso que se confiesa discurso no hace más que ocultar pudorosamente su propiedad de discurso[40].

culturales", *Una posición en la vida*, apud Jean Franco, *La cultura moderna en América Latina*, México, J. Mortiz, 1971, 63.

39. R. Güiraldes, *Don Segundo Sombra*, 34ª ed., Buenos Aires, Losada, 1974; e J. E. Rivera, *La vorágine*, 12ª ed., Buenos Aires, Losada, 1971

40. T. Todorov, "Poética", 126.

Esta observação é válida integralmente para os casos de narrativa de primeira pessoa que tentam denunciar apenas a ficcionalidade do seu enunciado. O desmascaramento ao qual nos referimos só se consuma, contudo, pela problematização que a voz opera sobre o ato de contar. Somente esse processo permite obter a superação do caráter monológico da ficção em que a consciência única (apesar das variações da perspectiva) visa fixar a verdade de uma ideologia[41].

Esse longo, mas necessário percurso pelos tipos de registro narracional na ficção realista permite agora retomar a caracterização inicial do realismo maravilhoso como um texto que constrói a sua *performance* da voz, a partir do questionamento da sua *performance* da perspectiva. Se entendemos que a perspectiva converge para a diégese (o universo ficcional narrado), a função da voz que pretendemos aplicar ao realismo maravilhoso coloca-se ao nível da *metadiégese*. O prefixo *meta* designa aqui, como em metalinguagem, a transição para um sistema de segundo grau. Sendo a metalinguagem, genericamente, uma linguagem que fala de uma linguagem primeira, a metadiégese vem a ser, analogamente, o nível da narrativa que fala do relato primeiro[42].

Em *Grande sertão: veredas*, a construção de um segundo sistema de significação sobre os dados do relato principal (a história do jagunço Riobaldo) faz-se dentro do diálogo entre o narrador (o velho Riobaldo) e o doutor da cidade. Se, em sua *performance* como narrador, Riobaldo avalia os feitos do personagem Riobaldo (este, o sujeito do enunciado), como crítico avalia a *performance* de sua perspectiva de tais feitos. Assim, o sujeito da enunciação vem a ser o objeto de avaliação de uma voz, quando Riobaldo analisa o seu princípio de seleção dos acontecimentos, a ordem adotada na exposição, o papel da me-

---

41. Os conceitos aqui empregados de texto monológico e dialógico são de M. Bakhtine, *La poétique de Dostoiévski*, Paris, Seuil, 1970, caps. I e II.

42. O termo metadiégese é tomado de Genette (*Figures III*, 239 e ss.), em cuja teoria corresponde estritamente a um *relato* de segundo grau, imbricado num primeiro, sob a forma de "encaixe" (a "história-na--história"). Em nossa acepção, o procedimento é extensivo a todas as zonas do discurso que o narrador erige como um novo sistema de significação e a partir de um primeiro, sem que constitua, necessariamente, um relato encaixado. O conceito de metalinguagem, conforme a formulação técnica de Barthes (*Elementos de semiologia*, São Paulo, Cultrix, 1971, 95-6) é igualmente válido aqui, mas a designação carece de especificidade para o sistema narrativo. *Metadiégese*, ao contrário, presta-se melhor a definir a articulação entre voz e perspectiva, que nos interessa.

79

mória no relato, a atitude do interlocutor e tece considerações sobre "poética" da narrativa[43].

Mas enquanto no exemplo de Guimarães Rosa a *performance* da voz chega a formar um segundo grau de ficcionalidade paralelo à diégese, no conto "Las babas del diablo", de Julio Cortázar, a problematização do ato de narrar constitui um longo preâmbulo motivador, tanto da leitura como até da escritura do texto. O narrador-protagonista Roberto Michel inicia a narrativa pela função metadiegética:

> Nunca se sabrá como hay que contar esto, si en primera persona o en segunda, usando la tercera del plural o inventando (...).

Essas vacilações preambulares sobre o tipo de registro a ser adotado estendem-se para uma vertiginosa discussão sobre a necessidade do relato, a conveniência de tal ou qual perspectiva, as dificuldades de converter em palavras um sucesso, etc. A abertura crítica do conto, que coloca em questão o estatuto narracional e a própria legitimidade do ato de contar não é, contudo, exterior à diégese. A duplicidade da enunciação (pessoal e apessoal), exercida nesta, vem colocada como problema na auto-inquisição do narrador. O leitor fica, assim, iniciado teoricamente no preâmbulo, a consentir na combinação "impossível" de dois tipos de registro tradicionalmente incompatíveis. Conseqüentemente, o procedimento logra não só desenrijecer o mecanismo de recepção passiva da diégese, mas também leva o leitor a desconstruir seu sistema referencial apoiado na disjunção dos contrários[44].

As possibilidades de subverter o código monológico da ficção pela função metadiegética da voz são irredutíveis a uma tipologia que tenha em conta a sua função poética no texto. Podem-se indicar, contudo, duas modalidades de introdução da metadiégese, combináveis:

a) *Metadiégese explícita:* a construção pela voz de um segundo nível de significação torna-se uma explanação do processo da diégese, seja pela inserção em algum ponto do enunciado de uma "poética da narrativa", seja pela disseminação ao longo do enunciado de uma "crise da enunciação" do narrador. Os exemplos

---

43. Cf. meu artigo "Narração e metalinguagem em *Grande sertão: veredas", Língua e literatura*, nº 2, 1973, 63-91.

44. J. Cortázar, "Las babas del diablo", *Las armas secretas*, 7ª ed., Buenos Aires, Sudamericana, 1968, 77-98. A análise minuciosa deste conto, como expressão do "movimento escorpiônico" da narrativa sobre si mesma no conjunto da poética cortazariana, foi feita por Davi Arrigucci Jr., *O escorpião encalacrado*, São Paulo, Perspectiva, 1973, 250-86.

de Guimarães Rosa e Cortázar, já citados, correspondem respectivamente a estas espécies, que estão, aliás, nas origens da renovação da linguagem ficcional hispano-americana, conforme se pode atestar em "El jardín de senderos que se bifurcan" (1941), de Borges, e em *El pozo* (1939), de Onetti (veja-se mais adiante).

b) *Metadiégese implícita:* a problematização do ato de narrar comparece, neste caso, sem transições marcadas de um nível para outro, de tal forma que parece dissolver-se na diégese. Esta voz discreta opera, contudo, transgressões da convenção autoritária da representação romanesca, que não dissimulam totalmente o seu projeto de auto-referencialidade. Alguns procedimentos desta modalidade de metadiégese têm marcado a técnica narrativa da mais recente ficção hispano-americana: 1) distorção barroquista dos significantes (como em *Los pasos perdidos* (1953), de Carpentier, ou *Paradiso* (1966), de Lezama Lima) — procedimento freqüente no realismo maravilhoso, que examinaremos em 4.2.2; 2) multiplicação, mudanças, cruzamentos ou superposição de perspectivas (como em *Pedro Páramo* (1955), de Rulfo ou *Cien años de soledad* (1967), de García Márquez); 3) narração paródica, constituída pela constante remissão do texto a outros textos, pelo jogo de pluralidade de vozes, pela quebra da unidade de tom e da compostura do discurso (como em *Tres tristes tigres* (1967), de Cabrera Infante, ou *Boquitas pintadas* (1969), de Manuel Puig).

É lugar-comum na crítica hispano-americana o reconhecimento de duas direções contraditórias no romance: a "artística" (europeizante, idealista, subjetiva, estética) e a realista (regionalista, social, moralizante)[45]. Esta bipartição comodista em seu mal dissimulado fundamento temático, arrasta consigo outra confusão generalizada, que consiste em atribuir a renovação da linguagem ficcional hispano-americana à continuidade da tradição fantástica (obrigatoriamente encaixada no primeiro grupo) e à ruptura com a tradição realista. Sob esse enfoque, escritores como Roberto Arlt ou Horacio Quiroga ingressam, primeiro, no *status* de universalistas e, logo, são estimados como artífices do "romance de criação", porque se mantiveram à margem da orien-

---

45. Cf. F. Alegría, *La novela hispanoamericana siglo XX*, Buenos Aires, Centro Editor de América Latina, 1967, 9. De modo similar procede Angel Rama, apontando duas tendências de elite cultural latino-americana desde o período romântico: a regionalista e a universalista. Assinala também o A. que, apesar de dissociados, elas convivem pacificamente numa mesma época (uma como dominada, a outra como dominante) e que a fluidez entre o local e o mundial contribuiu para o enriquecimento da história cultural latino-americana (cf. *Diez problemas para el narrador latinoamericano*, Caracas, Síntesis Dosmil, 1972, 20-1).

tação mundonovista-regionalista e porque praticaram a literatura fantástica. Em nosso ponto de vista, a linguagem narrativa pôde renovar-se pela revisão, simultânea e em bloco, das tradições realista e fantástica, cujos sistemas de significação se tornaram insuficientes para traduzir a complexidade cultural da América Hispânica. Se é possível distinguir tipos de discurso narrativo na tradição literária, a partir de um ângulo semiológico (pelos efeitos de sentido que a sua leitura produz, segundo um critério pragmático), também se podem encontrar similaridades, a partir de um ângulo ideológico. Visto assim o problema, tanto a literatura realista, quanto a fantástica, por conservarem a presença do logos monolítico na ficção, traduzem a mesma concepção antinômica do real e do irreal. Somente o questionamento integrado das relações que o signo literário envolve possibilita a abertura para novas buscas ficcionais.

É nesse sentido que a densa inquietação poético-conceitual, que caracteriza a obra pós-fantástica de Borges, o coloca à cabeça da aventura renovadora da ficção hispano-americana, desde os relatos pouco canônicos de *Historia Universal de la Infamia* (1935). Mas, a rigor e segundo o nosso critério da função metadiegética da voz, podemos recuar até o conto "El jardín de senderos que se bifurcan" (1941) em busca do questionamento sistemático do processo narrativo. A complicada trama de espionagem de guerra, na qual intervêm um chinês, um sinólogo inglês e um policial, é discutida metaforicamente dentro da própria diégese, através da referência ao romance-labirinto de T'sui Pên. A qualidade de metatexto desta referência pode ser avaliada em seu conteúdo teórico, que alude às possibilidades de o próprio conto superar a lógica mecanicista das tramas romanescas:

> En todas las ficciones, cada vez que un hombre se enfrenta con diversas alternativas, opta por una y elimina las otras; en la del casi inextricable. T'sui Pên, opta – simultaneamente – por todas. *Crea*, así, diversos porvenires, diversos tiempos, que también proliferan y se bifurcan. De ahí las contradicciones de la novela.
>
> A diferencia de Newton y de Schopenhauer, su antepasado no creía en un tiempo uniforme, absoluto. Creía en infinitas series de tiempos, en una red creciente y vertiginosa de tiempos divergentes, convergentes y paralelos. Esa trama de tiempos que se aproximan, se bifurcan, se cortan o que secularmente se ignoran, abarca *todas* las posibilidades[46].

O conto optará, convenientemente, por uma alternativa da trama no seu desenlace, mas essa formulação poética do que

---

46. Borges, "El jardín de senderos que se bifurcan", *Ficciones*, Buenos Aires, Emecé, 1965, 107 e 109-10.

Cl. Bremond chamou de "lógica dos possíveis narrativos" convida o leitor, dialogicamente, a reler o texto reinventando opções para a diégese. Enquanto em Borges são freqüentes as conjeturas sobre poética, em Onetti comprova-se, desde *El pozo* (1939), a crise da enunciação do narrador, disseminada ao longo da diégese. Neste romance breve, a crise existencial do protagonista--narrador, Eladio Linacero, é investida na sua consciência do impasse escritural. A relação pragmática entre o emissor e o signo se oferece como um conflito (como contar, o que contar, que palavras usar) que emoldura uma história banal de frustrações e desencontros. Eis alguns momentos dela[47]:

> Es cierto que no sé escribir (...).
>
> Lo difícil en encontrar un punto de partida [8].
>
> (Me da gracia ver que escribí bajaron y no bajamos) [10].
>
> (...) no sé si cabaña y choza son sinónimos; no tengo diccionario y mucho menos a quien preguntar. Como quiero evitar un estilo pobre, voy a emplear las dos palabras, alternándolas [15].
>
> Releo lo que acabo de escribir, sin prestar mucha atención (...) [19].
>
> Pero ésto tampoco tiene que ver con lo que me interesa decir [32].
>
> Las extraordinarias confesiones de Eladio Linacero. Sonrío en paz, abro la boca, hago chocar los dientes y muerdo suavemente la noche en el papel como a una gran mariposa nocturna. Pero, en cambio, fue ella la que me alzó entre sus aguas como el cuerpo lívido de un muerto (...) [45-6].

Concluindo, podemos sintetizar as observações feitas até aqui sobre as modalidades de metadiégese: 1) a instância narracional se propõe como o eixo do questionamento da linguagem no romance realista-maravilhoso; 2) a enunciação, enquanto destruição da unidade da consciência e dos disfarces do narrador, constitui o substrato discursivo para a revisão da concepção disjuntiva da realidade; 3) a enunciação assim concebida estabelece relações pragmáticas orientadas para o diálogo entre narrador e narratário. Isto não significa que todo romance que problematize, explícita ou implicitamente, o ato narrativo, se inclua no realismo maravilhoso (para tanto são necessários os traços específicos da relação semântica, que já veremos). Mas, todo romance em que se reconheça um "conteúdo" real-maravilhoso apresenta, necessariamente, o questionamento de sua enunciação.

47. J. C. Onetti, *El pozo*, Montevidéu, Arca, 1967 (contém um estudo de Angel Rama, "Origen de un novelista y de una geración literaria").

4.2.2. O barroquismo descritivo

Por vezes, o diálogo narrador-narratário se obtém no romance realista-maravilhoso através de inusitadas estratégias narracionais. Em *Cien años de soledad*, o signo apessoal que inicia o relato ("Muchos años después, frente al pelotón de fusilamiento..."), é onisciente, com típica "visão por trás"; a enunciação da última frase ("Sin embargo, antes de llegar al verso final ya había comprendido que no saldría..."), revela uma mudança de perspectiva: o narrador-deus do começo passa a ser um narrador-personagem, numa típica "visão com", que anula a distinção dos pólos da comunicação narrativa. O texto do romance, identificado com os manuscritos de Melquíades, engendra a identificação do narrador-deus com o personagem-leitor (Aureliano Babilónia). Para Vargas Llosa, este "salto qualitativo" contém a tese do deicídio:

> Esa muda a través de la cual la realidad ficticia, en el instante de desaparecer, mediante la estratagema del desciframiento de los manuscritos, canibaliza a su propio narrador para *destruirse con él*, quiere precisamente, crear la ilusión de que nada existe fuera de la realidad ficticia (...)[48].

Mas é preciso acrescentar que o deicídio, tanto quanto o efeito ilusório produzido (uma espécie de "naturalização da ficção") é o resultado duplo da construção em abismo de *Cien años* e que a forma de percepção apontada corresponde a uma só possibilidade dessa técnica – tão vivificada no período barroco e revivificada no neobarroco hispano-americano. Sendo que o texto dos manuscritos de Melquíades reproduz especularmente o texto do romance inteiro, a confusão entre o mundo do leitor e o mundo do livro conleva outro efeito peculiar da "mise-en-abyme": a "ficcionalização da realidade". Esse jogo de planos invertidos – que Borges brilhantemente anotou como uma forma de constituir o maravilhoso (inclusive no *Don Quixote*) – sugere, como diz ele próprio, que

---

48. Cf. M. Vargas Llosa, *García Márquez. História de un deicidio*, 542. Em outra passagem de sua análise, o A. se equivoca ao interpretar a mencionada mudança como um desdobramento e uma simulação para ocultar o verdadeiro narrador (cf. 524). Ao contrário, tal técnica visa à integração poética do narrador com o personagem-leitor (Aureliano Babilonia) que vem a adequar-se à vontade totalizadora que anima outros níveis do romance. Quanto à simulação, ela não entra em causa: o objetivo da mudança não é mascarar o verdadeiro narrador (o autor, exterior ao texto), mas a sua representação textual (o "ele" onisciente do começo do relato). Essa destruição da onisciência representada estimula ainda mais, aliás, a própria tese do deicídio de Vargas Llosa.

si los caracteres de una ficción pueden ser lectores o espectadores, nosotros sus lectores o espectadores, podemos ser ficticios[49].

As duas formas de descodificação apontadas registram o gesto lúdico da enunciação barroquista. Mas não se trata de um jogo casual, descompromissado e vazio. Se inclui igualmente sob o signo do questionamento do ato narrativo e, por conseguinte, da denúncia do corte entre o real e o imaginário.

Na linhagem barroquista do realismo maravilhoso se destacam modos peculiares de tensionar a enunciação e problematizar o ato produtor da ficção. É muito freqüente, por exemplo, a técnica de proliferação dos significantes, em que a distorção da linearidade do enunciado faculta singular combinação das funções de comunicação e de atestação do narrador[50].

Como denúncia de uma situação narrativa constrangedora, a retórica barroquista *quer dizer o indizível*; persegue com a multiplicação (ou distorção) dos significantes o *objeto indescritível*. No discurso carpentieriano abundam esses momentos de impacto e perplexidade diante do inominável. Em *Los pasos perdidos*, o narrador-protagonista mobiliza o arsenal da cultura, para corporificar, nas palavras, o prodígio natural (o real maravilhoso) que contempla fascinado:

> Allá detrás de los árboles gigantes, se alzaban unas moles de roca negra, enormes, macizas, de flancos verticales, como tiradas a plomada, que eran presencia y verdad de monumentos fabulosos. Tenía mi memoria que irse al mundo del Bosco, a las Babeles imaginarias de los pintores de lo fantástico, de los más alucinados ilustradores de tentaciones de santos, para hallar algo semejante a lo que estaba contemplando (...). Esto que miraba era algo como una titánica ciudad – ciudad de edificaciones multiples y espaciadas –, con escaleras ciclópeas, mausoleos metidos en las nubes, explanadas inmensas dominadas por extrañas fortalezas de obsidiana, sin almenas ni troneras (...). Y allá, sobre aquel fondo de cirros, se afirmaba la Capital de las Formas: una increíble catedral gótica, de una milla de alto, con sus torres, su nave, su ábside y sus arbotantes (...). En las proporciones de esas Formas rematadas por vertiginosas terrazas, flanqueadas con tuberías de órgano, había algo tan fuera de lo real – morada de dioses, tronos y graderías destinados a la celebración de algún Juicio Final – que el ánimo, pasmado, no buscaba la menor interpretación de aquella

49. Borges, "Magias parciales del Quijote", *Otras inquisiciones*, 69.

50. A função de comunicação se define pela orientação do narrador para o narratário, com o fim de estabelecer ou manter um contato, ou um diálogo (corresponde às funções fática e conativa de Jakobson). A função de atestação ou testemunhal se define pela orientação do narrador para si próprio; incluem-se, neste caso, as relações afetivas, morais e intelectuais do narrador com a história, seja pela indicação de suas fontes, do seu grau de precisão das lembranças, ou de seus sentimentos diante de um episódio (cf. Genette, *Figures III*, 262).

85

desconcertante arquitectura telúrica, aceptando sin razonar su belleza vertical e inexorable[51].

Trata-se aqui de descrever o referente (provisoriamente designado por "moles de roca negra"), cujo significado é o prodígio; o narrador se obriga, durante um instante, a produzir uma "afasia", a *significar o indesignável*. A linguagem, ao revelar-se inadequada ao objeto, se retorce na elaboração de uma constelação de significantes ("mundo del Bosco", "Babeles imaginarias", "titánica ciudad") que vão se anulando em vez de complementarem-se. A enunciação alcança, por fim, um significante condensador: "Capital de las Formas". Mas, ainda uma vez, este é incapaz de constituir a significação. É preciso amplificar o enunciado cóm outros significantes que definam o objeto: "una increíble catedral gótica...", "morada de dioses...", etc. O projeto conduz à decepção que o próprio narrador constata: "el ánimo, pasmado, no buscaba la menor interpretación...".

Severo Sarduy analisou a proliferação, entre outros mecanismos de artificialização barroca, como procedimento que visa obliterar o significante de um dado significado —

pero no reemplazándolo por otro, por más distante que éste se encuentre del primero, sino por una cadena de significantes que progresa metonímicamente y que termina circunscribiendo al significante ausente, trazando una órbita alrededor de él, órbita de cuya lectura — que llamaríamos lectura radial — podemos inferirlo[52].

Sarduy não se interessa pelo investimento narracional do procedimento. Para o Autor, sua função, como a dos outros mecanismos de artificialização, é produzir o erotismo (jogo, desperdício e prazer), o espelhamento (reflexo do mundo) e a revolução (subversão da entidade logocêntrica).

O exemplo de proliferação que examinamos, conquanto se adapte à formulação que lhe deu Sarduy, possui uma diferença capital. A multiplicação dos significantes continua sendo um ato lúdico do narrador, mas não constitui um artifício de omissão (ou distanciamento) do significante inicial. Na verdade, o significante inicial não existe (conquanto exista o referente): ele é o inominável, o indesignável:

51. Carpentier, *Los pasos perdidos*, 2ª ed., Montevidéu, Arca, 1968, 165.

52. S. Sarduy, "El barroco y el neobarroco", *América Latina en su literatura* (org. César Fernández Moreno), México, Siglo XXI, 1972, 170. (Trad. bras.: *América Latina em sua Literatura*, São Paulo, Perspectiva, 1979).

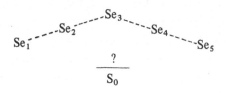

A constelação dos significantes é, assim, o percurso barroco obrigatório para instaurar poeticamente o objeto. Carpentier, que sempre defendeu o estilo barroco como o modo legítimo de o romancista latino-americano narrar o real-maravilhoso americano, costuma relacioná-lo com a contingência de nomear os objetos americanos não inscritos na cultura universal:

> Pero resulta que ahora nosotros novelistas latinoamericanos, tenemos que nombrarlo todo: todo lo que nos define, envuelve y circunda: todo lo que opera con energía de *contexto* – para situarlo en lo universal (...). No temamos el barroquismo, arte nuestro, nacido de árboles, de leños, de retablos y altares, de tallas decadentes y retratos caligráficos y hasta neoclasicismos tardíos; barroquismo creado por la necesidad de *nombrar las cosas* (...)[53].

A informação do maravilhoso americano, associado à perspectiva crítica de uma linguagem inventiva e radical, contém profundas vinculações com a conjuntura ideológica e social. Alguns estudiosos da estética barroca, como Affonso Ávila, a interpretam como uma "rebelião através do jogo", que caracteriza, nos momentos traumáticos da História, a busca desalienante do artista, através do espetáculo lúdico das formas[54]. Para além da erotização da escritura que o gozo verbal supõe, um profundo sentido revolucionário lateja no luxo descritivista, nas contorsões e arabescos de imagens preciosas, na exuberância léxica ou no ritmo tenso e enérgico da frase barroca. A obsessão pela designação dos objetos naturais e os fatos históricos que carecem de registro verbal, presente em boa porção de romancistas do realismo maravilhoso, significa também o modo dilemático e barroco de interpretar uma sociedade mergulhada em violentos contrastes sociais e brutais anacronismos econômicos.

---

53. Carpentier, "Problemática de la actual novela latinoamericana", 37-8. Veja-se aqui também, Cap. 3.
54. Affonso Ávila, *O lúdico e as projeções do mundo barroco*, São Paulo, Perspectiva, 1971, sobretudo 9-62.

5. AS RELAÇÕES SEMÂNTICAS NO REALISMO MARAVILHOSO

Em várias passagens de nossa caracterização das relações pragmáticas no realismo maravilhoso, tivemos que tocar, obrigatoriamente na base do esquema da comunicação narrativa, constituída pelo "referente extralingüístico". A qualificação do realismo maravilhoso como modalidade narrativa pressupõe, como vimos anteriormente, a noção de sistema referencial não-contraditório. Desta noção básica origina-se a codificação do signo narrativo e para ela converge a sua descodificação. Assim, tanto a função metadiegética da voz (o autoquestionamento da enunciação), quanto o efeito de encantamento (a busca da contigüidade entre natureza e sobrenatureza) são elaborações discursivas que visam desconstruir as oposições afiançadas pela tradição narrativa (fantástica e realista). Em ambas elaborações patenteia-se o projeto do realismo maravilhoso de abolir as polaridades convencionais (narrador/narratário, razão/sem razão, respectivamente), de modo a configurar uma imagem do mundo livre de contradições e antagonismos. As constantes menções que fizemos, ao

89

longo de nossa exposição, ao "sistema referencial do leitor", continham, portanto, o reconhecimento da importância dos fatores extratextuais, culturais, que informam o modo de produção e recepção do texto. Em suma, o percurso analítico sobre a emissão-recepção do relato visava estabelecer que a codificação e a descodificação do signo eram operações que de longe ultrapassavam a superfície do significante, para resgatar o universo semântico da comunicação narrativa.

Desde logo, colocar o referente extralingüístico como eixo de uma indagação sobre as relações pragmáticas e semânticas de um texto narrativo implica aceitar a necessidade de uma *translingüística*, que supra as lacunas de uma abordagem estritamente imanentista. Trata-se de situar o problema, não mais ao nível dos sistemas significantes produzidos (uma coleção de *enunciados*), mas no da intenção que preside a produção desses sistemas, voltada para o processo que engendra a relação entre um programa da enunciação e um certo estatuto de leitor criado no texto[1]. Aplicar um método translingüístico consiste no estudo do signo na sua totalidade concreta, sem fazer abstração, como faz a Lingüística, das feições vivas do signo, da sua envoltura contextual (cultural, social). Conforme definiu Bakhtin, o discurso poético vai além do sistema da língua e não pode ser abordado fora de uma troca dialógica.

Le mot [diz o teórico pós-formalista, atribuindo a este termo o sentido atual de "discurso"] n'est pas une chose mais le milieu toujours dynamique, toujours changeant, dans lequel s'effectue l'échange dialogique. Il ne se satisfait jamais d'une seule conscience, d'une seule voix. La vie du mot, c'est son passage d'un locuteur à un autre, d'un contexte à un autre, d'une collectivité sociale, d'une génération à une autre. Et le mot n'oublie jamais son trajet, ne peut se débarrasser entièrement de l'emprise des contextes dont il a fait partie[2].

Com essa perspectiva, queremos proceder ao exame das relações semânticas no realismo maravilhoso, para caracterizá-lo como diálogo mantido entre o signo e o referente extralingüístico, ou seja, tomando a dimensão vertical que orienta o texto para o contexto. O primeiro passo deve ser o esclarecimento do que vamos entender aqui por referente extralingüístico.

1. Essa premissa é análoga à de Hamon, ou seja, observar o *speech act* para a semiologia do discurso realista (cf. aqui nota 2 do Cap. 1), com a diferença de que esse semiólogo não avança para o exame dos discursos exteriores ao seu objeto de estudo, mantendo-se ao nível das estruturas recorrentes que contêm uma certa imagem do mundo.

2. M. Bakhtin, *La poétique de Dostoiévski*, 263.

5.1. *O referente extralingüístico da narrativa*

O que primeiro salta à vista quando qualificamos um objeto ou fato de "real-maravilhoso" é que já estamos designando-o como elemento semântico: a atribuição implica a comparação com outros elementos semelhantes ou opostos (um paradigma de objetos e fatos reais e não-reais, no caso). A junção de atributos contrários, a mistura do heterogêneo e do paradoxal aplicada a um mesmo referente se torna possível pela remissão a um sistema de objetos diferenciáveis por suas qualidades "reais" e "prodigiosas". Logo, quando configuramos um universo semântico onde a predicação se entrecruza (o real pode ser predicado à maravilha, e a maravilha pode ser predicada ao real), já não estamos operando com um sistema primeiro de objetos e fatos, mas com um sistema de segundo grau. Ao dizermos que a América "é o mundo do real-maravilhoso" não estamos apontando um referente, *mas uma idéia sobre ele*. A realidade, ao ser nomeada ou qualificada, deixa de ser a realidade, para ser um discurso sobre ela. A *coisa em si* independe de suas propriedades e, como tal, é incognoscível: nossa aproximação ao real deve contentar-se com as propriedades que a experiência fenomenológica coleciona para os objetos reais[3].

Nesse sentido, toda a reflexão objetiva sobre a narrativa realista maravilhosa deve começar, ao nível de sua semântica, por reconhecer o discurso prévio que lhe dá assentamento, situando-o no âmbito das preocupações semióticas sobre a questão do referente. Na etapa avançada dessas preocupações (e sobretudo após o trabalho inseminador de Hjelmslev neste terreno), os semioticistas têm tratado de desenvolver seus postulados livrando-se da noção problemática do referente em suas pesquisas. Dentre os argumentos mais gerais em prol da não discussão da natureza da realidade, destacam-se dois: 1) existe uma noção corrente, intuitiva, do que é real ou irreal; 2) discutir tal natureza nos transporta para o campo da metafísica e faz perder de vista a natureza cultural dos processos de significação[4]. O ponto de

---

3. Para definir o lexema, Greimas considera a impossibilidade de analisar a essência das coisas, optando por permanecer no plano fenomenológico que lhe permite definir as coisas por suas qualidades. A definição de um termo-objeto A seria, ao cabo, resultante de uma coleção de qualidades (semas s_1, s_2, s_3, etc.), e cada qual seria apenas um elemento constitutivo de uma totalidade (cf. *Sémantique structurale*, Paris, Larousse, 1969, 27).

4. Paolo Valesio cita uma expressiva frase de James (de "On the function of cognition", 1885), a propósito da irrelevância de considerar-se

apoio do primeiro argumento reside na capacidade que tem o homem adulto de perceber a naturalidade ou a sobrenaturalidade de um fato ou objeto, pela simples remissão ao seu sistema empírico (grosseiro, mas coerente) do mundo; certas leis da causalidade, do espaço e do tempo lhe são ineludíveis: o tempo é irreversível, os mortos não voltam, o espaço é tridimensional e homogêneo, etc. Nas formas de percepção da fantasticidade e do realismo preside, como vimos, a referência a esse sistema do mundo (seja para questioná-lo, seja para afirmá-lo). Quanto ao segundo argumento basta recordar a própria definição da semiótica de Saussure, como "ciência que estuda os signos no seio da vida social".

Eliminar o referente – ou prescindir do objeto para discutir o significado de um significante – é uma solução para o incômodo trabalho de defini-lo como entidade abstrata. A essência de um objeto nunca poderá esgotar-se pela análise de sua significação, de modo que o que é relevante para a metafísica, vem a ser uma convenção cultural para a semiótica. Assim, a descrição da substância coloca-se como não pertinente para o conhecimento do fenômeno da linguagem.

Tal desligamento da significação da coisa constitui o primeiro passo para uma ciência que se interessa pela linguagem como fenômeno social. Umberto Eco propõe que a significação seja pensada, de acordo com Schneider como *unidade cultural*, alegando que as condições de comunicabilidade e compreensibilidade das mensagens (codificação e descodificação) nada têm a ver com o problema da verdade ou falsidade de um significante[5].

Ao contrário do termo "referente", que exige a existência *física* de um objeto, o termo "unidade cultural" oferece a vantagem de abarcar toda e qualquer entidade que a cultura individua: pessoa, lugar, coisa, sentimento, estado de coisas, pressentimento, fantasia, alucinação, esperança ou idéia. Esta acepção de Schneider [cit. Eco, 16] permite deduzir que toda cultura só existe na medida em que constrói, pela linguagem, os seus "objetos de comunicação". Na cultura hispano-americana, são unidades culturais, de forte conotação emotiva e/ou ideológica:

---

a realidade, no estudo da linguagem: "What becomes our warrant for calling anything reality? *Quis custodiet custodem ipsum?* The only reply is – the faith of the psychologist, critic or inquirer. At every moment of his life he finds himself subject to a belief in *some* realities, even though his realities of this year should prove to be his illusions of the next" (*Apud* Valesio, "On reality and unreality in language", 76).

5. Umberto Eco, *As formas do conteúdo*, São Paulo, Perspectiva, 1974, 12 e 16.

"criollo", "barbárie", "Eldorado", "progreso", "subdesarrollo", "Bolívar", "**dictadura**", etc. É possível descrever cada uma dessas unidades como fenômenos semânticos, históricos e literários[6].

Cada uma dessas unidades recebe elaborações discursivas, de esclarecimento de seu conteúdo, dentro da própria sociedade em que se forjam: cada esclarecimento cria uma nova mensagem lingüística, que por sua vez permite outro esclarecimento em forma de linguagem, e assim sucessivamente.

Esta característica das elaborações discursivas, que uma cultura cria para estabelecer o seu circuito de comunicação, levou Umberto Eco a formalizar mais rigorosamente a definição de unidade cultural: "é o significado que o código faz corresponder ao sistema de significantes" [16]. Esta definição vem ao encontro da noção de *interpretante* de Peirce que, na estrutura triádica do signo, ocupa o vértice:

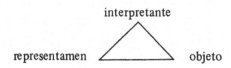

Eco prefere o termo "interpretante" para significar a "outra representação do referente" (além da do significante ou representamen), porque esta faz ver que se abre um infinito sistema de convenções, quando a segunda representação pode ser nomeada por outro signo, que por sua vez pode receber outro interpretante, num processo de semiose ilimitada[7].

Tendo em conta os princípios semióticos expostos, podemos dizer agora que o "real-maravilhoso americano" vem a ser uma unidade cultural e, como tal, unidade semântica inserida num sistema-discurso de convenções da cultura hispano-americana (que descreveremos detalhadamente em 5.2.). Assim, quando Carpentier, em seus ensaios, qualifica o significante "América" (de um objeto /América/) como "mundo do real-maravilhoso", preserva-se uma função cognitiva sobre a realidade, mas a informação deixa de ser direta, para ser indireta. Do mesmo modo, expressões como "A América é o continente do futuro", ou

---

6. Veja-se, por exemplo, o estudo de Domingo Miliani sobre o "objeto narrativo" e o "objeto mental" *ditador* no seu "El dictador: objeto narrativo en *Yo, El Supremo*", *Crítica literaria latinoamericana*, nº 4, 1976, 103-119.

7. *Ibidem*, p. 18. A discussão detalhada dos termos correspondentes aos de Peirce em outras teorias do signo (Frege, Ogden e Richards, Stuart Mill, Carnap) está nas páginas 11-3 e 42-6.

"A América é o continente do subdesenvolvimento", são particularizações do objeto, que o enfocam sob um dos seus ângulos possíveis, atribuindo-lhe conotações diversas (de imediato, as conotações eufórica e disfórica são evidentes). Não cabe, pois, indagar o valor de verdade do interpretante, sendo ele um símile, um modelo ou esquema do objeto real. Mas podem-se, certamente, considerar os fenômenos de conotação que as unidades culturais dispõem. Ao interpretante "América mestiça", por exemplo, é aplicável a categoria conotativa de *definição ideológica*, posto que se erige como "mensagem que, partindo de uma descrição fatual, tenta a sua justificação teórica, sendo gradativamente adquirida pela sociedade como elemento de código" [Eco, 126]. Como "América mestiça", outras unidades culturais são definições ideológicas e isto justifica tentar-se agrupá-las em subconjuntos de um sistema mais amplo, sempre que seja detectável nelas um traço comum, da ordem histórica e conceitual. Para referir-nos a tais subconjuntos (as seqüências de enunciados ideológicos que recortaremos mais adiante) será útil o termo *ideologema*, para marcar o caráter discursivo, e interdiscursivo, dos interpretantes americanistas[8].

Por outro lado, não se deve entender que uma unidade cultural conotada como ideologia transponha, necessária ou mecanicamente, as suas funções sociais e políticas para o texto literário. Ela pode ser, sim, o referente extralingüístico do texto, mas a sua forma de absorção neste não corresponde a uma analogia de substâncias, mas a uma homologia estrutural, que seleciona e problematiza as feições comunicacionais da mensagem ideológica. Tampouco deve-se deduzir que *todo* referente extralingüístico seja

8. O termo ideologema foi cunhado por N. P. Medvedev (1928) e foi aplicado por J. Kristeva à análise do texto romanesco com o sentido de função intertextual, materializada em diferentes níveis do texto, dando-lhe suas coordenadas históricas e sociais. (Cf. *Le texte du roman*, The Hague/Paris, Mouton, 1970, 12). Se bem que a Autora remete a noção de ideologema ao espaço dos textos exteriores (da sociedade e da História), seu interesse se concentra na possibilidade de recortá-los na materialiadde lingüística do romance. A noção que pretendemos desenvolver tem em conta, igualmente, a acepção de "organização textual" (enunciados ou seqüências), mas como *prévia* à sua assimilação literária ou poética, ou seja, como componentes do texto geral da cultura. O método de apreensão dessas organizações se aproxima mais ao usado por Lévi-Strauss, para identificar os *mitemas* do mito de Édipo. Essas grandes unidades do relato mítico são constituídos por enunciados agrupados em colunas, segundo um traço comum; a designação destes enunciados traduz, na primeira instância da análise, a sucessão dos acontecimentos míticos, mas seu arranjo em feixes obedece à relação atemporal entre os diversos predicados atribuídos a um sujeito (Cf. *Anthropologie structurale*, Paris, Plon, 1958, 233 e ss.).

uma ideologia. No que concerne à narrativa, pelo menos, é possível distinguir, conforme Jerzy Pelc, dois tipos básicos, segundo a matéria que lhe serve de referente: 1) a "narrativa própria", cuja matéria é o real; suas proposições podem receber, portanto, a atribuição de valor (falso ou verdadeiro), como no caso da narrativa científica ou comunicacional entre as pessoas; 2) a "quase-narrativa", cuja matéria é fictícia, não apresenta proposições de um saber; ocorre na literatura e mistura-se com as narrativas próprias o que lhe tira todo valor de verdade como um todo[9].

Para explicitar a diferença entre a narrativa literária e as outras narrativas, é preciso alterar o esquema proposto para a comunicação narrativa:

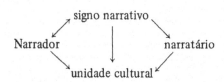

Traduzindo o mesmo esquema para a modalidade narrativa do realismo maravilhoso, onde se lê "unidade cultural" pode ler-se "real-maravilhoso", para marcar a relação semântica específica entre o signo narrativo e o referente culturalizado (semiotizado) pelo interpretante "real-maravilhoso". Para concluir, pode-se dizer que o diálogo entre o narrador e o narratário, nas peculiaridades que examinamos nas relações pragmáticas, se define como *diálogo lingüístico*, cujo sentido último é dado pela *natureza translingüística* da narrativa poética, na medida em que envolve a troca dialógica que se propõe na orientação vertical (signo – unidade cultural) do esquema em questão.

Importa agora examinar o sistema de interpretantes no qual tem o seu lugar histórico o interpretante "real maravilhoso americano". Isto implica, certamente, uma identificação reducionista do referente extralingüístico ao objeto cultural "América", já que, a rigor, o interpretante real-maravilhoso poderia aplicar-se à qualquer realidade histórica ou à realidade *latu sensu*. E, de fato, o realismo maravilhoso não é uma modalidade narrativa exclusiva da literatura hispano-americana, e nem todos os relatos desta literatura tomam a América como referente (semiotizado ou não como realidade maravilhosa). Mas tal procedi-

---

9. Cf. Jerzy Pelc, "On the concept of narration", 4-5.

mento se legitima à simples constatação de que, na América Hispânica, a continuidade e a renovação da produção ficcional vem marcada pela busca de significar a identidade do continente americano (seja em seu aspecto histórico, político, social, religioso ou mítico), tomando-o como espaço privilegiado para as aventuras dos seus heróis.

5.2. O Discurso Ideológico Sobre a América

> Como en el juego de dados de los niños, cuando cada dado esté en su sitio tendremos la verdadera imagen de América.
> (Alfonso Reyes, *Última Tule*)

> ... las culturas pueden desaparecer sin destruir las imágenes que ellas evaporaron.
> (Lezama Lima, "Imagen de América Latina")

A indagação sobre o que é a América tem sido, sistematicamente, a força propulsora e profundamente vitalista do pensamento hispano-americano. Para esse núcleo ontológico irredutível das teses americanistas converge todo o interesse pela difusão e penetração das ideologias na América Hispânica, posto que a sua História das Idéias assinala um movimento contínuo de produção e modificação das interpretações sobre a realidade continental. Não encontraremos na reflexão norte-americana, nem na brasileira, a mesma veemência, e até obsessão, com que os hispano-americanos têm sentido a necessidade de definir a sua cultura no contexto ocidental, de identificar-se diante das diversas formas de colonização, de criar um sentido e um método de conhecimento para sua realidade histórica. A atração para interpretar o "ser americano" tem produzido um discurso incessante e coeso, que, se bem engendrou o fenômeno da "angústia mestiça", pôde também constituir o mais denso capítulo do ensaio e da literatura hispano-americana.

Nosso propósito agora é reconhecer as principais idéias investidas nesse discurso, mas sem pretender exaurir todas as fontes das interpretações; queremos extrair de algumas delas a *atribuição eufórica* que, subjacente ou explícita, as atravessa e alcança a atualidade para compor uma imagem, relativamente unificada, da América para os hispano-americanos. A importância desse discurso para os estudos literários se observa pelo modo como a investigação americanista, desbordando o âmbito da ensaística, refluiu para a série literária-poética, e como muitas vezes com ela se confundiu. É, sobretudo, desde o primeiro quarto de século, quando essa investigação ganha notável impulso — e depois de uma longa operação de trânsito e acumulação de idéias, que teve de superar ora as dificuldades de comunicação entre os intelectuais, ora as das forças alienantes dos colonialismos – que se pode apreciar melhor como a literatura hispano-americana soube absorver as modulações e as próprias contradições dos ideologemas americanistas e resolvê-los poeticamente sob a forma romanesca. A maturidade e a energia que a ficção revela em suas últimas promoções não pode ser devidamente apreciada se não se consideram o respaldo ideológico e a consciência crítica que lhe empresta o pensamento americanista, com seus quase cinco séculos de experiência em busca da unidade conceitual sobre a América.

O primeiro problema que se coloca quando falamos da América no pensamento americanista é o próprio referente (não o cultural, mas o geográfico) que a palavra representa. Nos tempos coloniais, os espanhóis a empregavam para referir-se à Hispano-América; hoje em dia todos a usam para referir-se aos Estados Unidos. O deslizamento semântico iniciou-se com a usurpação do nome América pelos norte-americanos, quando em 1776 foi uma solução para as treze ex-colônias inglesas integrarem uma nação sob uma denominação abrangente. Depois, a hegemonia política e econômica dos Estados Unidos no século XIX consumou o emprego restrito do nome que durante três séculos vinha significando a porção sul do continente. As denominações objetáveis e provisórias (e politicamente intencionadas: Hispano-América, América Latina, Ibero-América, Indo-América) nunca puderam substituir a significação do nome original. Tal problema de denominação pode parecer convencional, mas não deixa de ser revelador da própria crise ontológica que promove a investigação americanista. Se é irreversível, do ponto de vista político, a perda do nome América para os outros americanos, é curioso observar como muitos escritores persistem no seu emprego para referir-se à entidade cultural, geograficamente situada abaixo do Rio Grande. Essa resistência à entrega do nome envolve, certamente, toda a problemática do enfrentamento das culturas anglo-saxônica e ibérico-latina, que tem decisiva influência na renovação do discurso americanista.

Mas os argumentos que legitimam essa tendência ao resgate, é que originalmente o apelativo América fora atribuído à massa meridional do continente, para homenagear o navegante que elucidou o dilema sobre a natureza das terras descobertas. O batismo foi feito pelos cartógrafos do Ginásio Vosgiense de Saint-Dié, no folheto intitulado *Cosmographiae Introductio*, de 1507. O editor Martin Waldseemuller agregou ao mapa múndi a célebre *Lettera* de 1504 de Américo Vespúcio, responsável pela revelação do continente como a "quarta parte" do mundo, contra a hipótese colombiana do "ser asiático" das terras descobertas. De acordo com os relatos de Vespúcio, a inscrição cartográfica do nome América aplicava-se às terras do sul, visitadas na sua viagem portuguesa de 1501 a 1502. Assim, no mapa que ilustra a tese de Vespúcio, o mundo novo refere-se apenas à terra firme meridional, ficando esta separada da setentrional pelo mar, e ainda tida como sendo a Ásia[10]. De resto, quando em 1620 os *Pilgrim Fathers* arribam a esta parte do hemisfério, a existência de várias universidades, colégios, conventos, imprensa, teatro público, o florescimento das artes plásticas e da literatura na América Hispânica legitimavam o atributo *americano* aos membros de uma sociedade consciente de "sua individualidade e zelosa de seus direitos", como observa Pedro Henríquez Ureña[11].

Os aspectos mencionados fundamentam a reinvidicação do significante original por ensaístas contemporâneos como Alfonso Reyes, Alejo Carpentier ou Lezama Lima, cujo trabalho de revisão conceitual da América recorre freqüentemente aos tempos coloniais, em busca também de um significado dessa cultura. A postulação, a nível físico, histórico, político, religioso e mítico dos critérios da *diferença* americana com relação a outros modelos culturais, constitui o mais substancial legado da ensaística atual, mas ela se nutre da primeira imagem do continente, aquela que começa o discurso americanista. E quando nasce esse discurso?

5.2.1. As Origens Cronísticas

Para Alfonso Reyes, a imagem da América começa a ser forjada antes de sua existência histórica:

antes de ser un hecho comprobado, América comienza a ser un presentimiento a la vez científico y poético[12].

Reyes refere-se às remotas fantasias sobre terras ocidentais que percorrem documentos egípcios de 3000 anos a.C., à Atlântida

10. A extensão do nome América a todo o continente só se torna habitual depois do mapa-múndi de Mercator (1538). Sobre a questão cosmográfica, V. Edmundo O'Gorman, *La invención de América. El universalismo de la cultura de Occidente*, México, Fondo de Cultura Económica, 1958, 72-3 e notas 104 e 108.

11. P. Henríquez Ureña, *Las corrientes literarias en la América Hispánica*, 3ª ed., México, Fondo de Cultura Económica, 1964, 60.

12. A. Reyes, *Última Tule* (ensaio de 1942), in *Obras completas*, tomo XI, México, Fondo de Cultura Económica, 1960, 29.

de Platão, à imaginação dos estóicos gregos, à *Medéia* de Sêneca, às lendas medievais de remotas ilhas, às profecias de Ramón Lull, e que atravessam os poemas renascentistas para chegar às mãos de Cristóvão Colombo pelas páginas da *Imago Mundi*, do Cardeal Alíaco, em 1482:

> Y así, antes de ser esta firme verdad que unas veces nos entusiasma y otras nos desazona, América fue la invención de los poetas, la charada de los geógrafos, la habladuría de los aventureros, la codicia de las empresas y, en suma, un inexplicable apetito y un impulso por trascender los límites [14].

Os antecedentes fabulosos prefiguram o discurso americanista, mas seu começo é, a rigor, aquele interpretante forjado no momento do Descobrimento e da conquista, pelos cronistas do Novo Mundo. Com eles se inicia o conceito de "maravilha" — recolhido das antigas tradições e rejuvenescido no fulgurante momento em que a América se torna um referente real. A significação eufórica da América para o homem europeu, que vai desde o espetacular impacto do Descobrimento até pelo menos os fins do século XVIII, faz-se pela incorporação de mitos e lendas dos testemunhos narrados dos primeiros viajantes. São freqüentes nos cronistas expressões como "encantamento", "sonho", "maravilha", "não sei como contar", "faltam-me palavras" que, se bem denotam o assombro natural diante do desconhecido, refletem também a falta de referência para os novos objetos, seres e fenômenos. No IV livro, capítulo 36 da *Historia natural y moral de las Indias* (1590), o Padre Joseph de Acosta nos dá um excelente registro da perplexidade do europeu diante da novidade americana. Depois de considerar, confuso, que a nossa fauna não tinha participado da Arca de Noé e, logo, não se explicava a sua formação, arremata com o problema de sua denominação:

> Porque si hemos de juzgar de las especies de los animales por sus propiedades, son tan diversas que quererlas reducir a especies conocidas de Europa, será llamar al huevo castaña[13].

Para suprir essa lacuna semântica, os primeiros narradores recorriam à citação de autores gregos e latinos, à comparação com as coisas conhecidas e imaginadas e, principalmente, à alusão aos relatos bíblicos, às lendas medievais (sobretudo os romances de cavalaria) e aos mitos clássicos. Na linguagem cronística, o símil, a metáfora, a hipérbole e mesmo as reticências cum-

---

13. Pe. Joseph de Acosta, *Historia natural y moral de las Indias*, 2ª ed., México, Fondo de Cultura Económica, 1962, 203.

99

priram a função retórica de descrever frutas ou animais dos trópicos, como o mamey, a guanábana, o abacaxi, o lhama, o lagarto ou as aranhas. Muito episódio cômico daquelas narrações derivam da incipiência da botânica e da zoologia, que não haviam incluído ainda em seu repertório, por exemplo, o fenômeno do parasitismo vegetal – que levou Colombo a crer que as árvores tropicais tinham a vantagem de engendrar num só ramo folhas de diferentes formatos – ou a estranha espécie de mamíferos do Caribe, os manatis, que o Almirante jurou tratar-se das mitológicas sereias (com o reparo de que não eram tão belas como a tradição havia pintado). Mas é certo também, que as cinco grandes lendas americanas – das Amazonas, dos Canibais de um só olho, da Fonte da Eterna Juventude, do Dorado, dos Índios Gigantes e a proliferação de outras de menor repetibilidade não serviram para cumprir um projeto informativo, mas sim o publicitário, de atrair grandes contingentes de povoadores, curiosos ou ávidos, mas sempre seduzidos pelo maravilhoso.

Por legítimo que seja atribuir à busca do ouro a continuidade entre a Conquista e a Colonização, é errôneo menosprezar o condicionamento visionário que atuou na ocupação do Novo Mundo pelo europeu. Sérgio Buarque de Holanda defende esta idéia, ao examinar minuciosamente a sobrevivência na imaginação ocidental do tópico da "visão do paraíso". Originado na Antiguidade latina, esse motivo se fortalece exageradamente na era moderna, quando se torna plausível o Éden nas terras americanas. É notável que todos os grandes mitos da Conquista sejam produtos da imaginação castelhana e apareçam atenuados na ocupação da América Portuguesa. Tais atenuações, explica o historiador brasileiro, não se devem a uma característica étnica ou a um suposto espírito nacional português que os oponha aos castelhanos. O realismo cético, o interesse pragmático por uma realidade viável entre os colonizadores do Brasil, devem-se a contingências históricas, que têm que ver com o fundo eminentemente arcaico e conservador da monarquia lusitana, vinculada então a padrões medievais, ultrapassados pelo humanismo desinteressado e fantasioso do Renascimento[14].

No que pesem as divergências, polêmicas e objeções sobre os métodos do colonizador espanhol, sejam os da dominação e conversão dos indígenas ou de extração das riquezas, é admirável que seus relatos tenham conseguido criar um significado consis-

---

14. S. Buarque de Holanda, *Visão do Paraíso. Os motivos edênicos no descobrimento e colonização do Brasil*, 2ª ed. ampliada, São Paulo, Cia. Ed. Nacional – USP, 1969, 129-30.

tente e perdurável sobre o Novo Mundo. O significante "maravilla" ostenta o complexo significado que os fatos, seres e objetos assumiram para os cronistas. Nomear a realidade como maravilha veio a ser a solução (para bem ou para mal) para a tarefa contingente de sistematizar, de dar forma ao conjunto plural e informe de conteúdos do mundo recém-ingressado na História. Diz com acerto Edmundo O'Gorman que a América não foi descoberta, mas *inventada*. O longo processo que começa com o problema de resolver o ser geográfico das novas terras e culmina com a necessidade de inventar-lhe um ser histórico, tem na concepção do maravilhoso americano uma imagem poética fundadora, um primeiro atributo, capaz de preencher o vazio original e de iniciar a construção de um ente diferenciado da Europa.

A atribuição eufórica da América pode ser tomada como traço básico do ideologema "Maravilha", que inaugura o discurso americanista, mas dentro dela podem-se fazer distinções, tida em conta a tipologia das idealizações de C. G. Dubois[15]. As lendas de milagres e de monstros identificam a América como um "Reino das Maravilhas" (mundo *ao contrário* e livre das leis físicas); a concepção como paraíso terrenal, onde se pudesse colher sem labuta os frutos de uma terra em eterna primavera a identifica como uma "Quimera" (mundo de satisfação dos apetites físicos). Enquanto essas versões prevalecem na mente popular, para os intelectuais o Novo Mundo assume a conotação da "Arcádia" (lugar livre de restrições sociais, em harmonia com a vida natural e cósmica) e, certamente, a da projeção mais racionalizada que os europeus fantasiaram: a "Utopia". Elementos arcádicos e utópicos comparecem no primeiro ensaio americanista de um escritor mestiço – o Inca Garcilaso de la Vega – que recolheu a visão idealizada da sociedade na descrição do incanato em seus *Comentarios Reales* (1609-1617). O Estado planejado, de poucas e claras leis, localizado em "nenhum lugar", foi logo vislumbrado naquele continente despojado das complicações, vícios e desordens da História. Ao surgir como fruto de uma das maiores crises sofridas pela cultura ocidental – a que abre ao assentamento da modernidade – a América se converte no espaço privilegiado para alojar o projeto europeu de reforma social. O espírito de aventura que caracteriza o homem moderno, e que aparece encarnado no pensamento de Descartes, encontra naquele mundo novo as condições de ser absorvido em pró da reconstrução do Ocidente.

15. C. G. Dubois, *Problèmes de l'utopie*, Paris, Archives des Lettres Modernes, 1968(1), nº 85.

A força do estímulo que a América oferece a essa aventura individualista e moral pode ser bem medida pela concretização dos ideais utópicos empreendida por Vasco de Quiroga no México do século XVI. Inspirado na *Utopia* de Thomas More e crente na possibilidade de reproduzir na sociedade humana a harmonia divina, o bispo de Michoacán ensaia uma extraordinária organização comunal nas aldeias indígenas. As suas "Ordenanzas" (1531-1565) contêm as normas do modelo de utopia social que pôs em prática durante trinta anos, mas que chegou até o século XVIII. Suas prescrições abrangem questões administrativas e de agrupamento familiar; de jornada de trabalho (de 6 horas) e de moderação dos costumes; de distribuição equitativa das colheitas e de proteção aos desvalidos; das diversões lícitas e de rechaço à escravidão; do intercâmbio de mercadorias e de abolição dos ofícios de luxo; do regime do trabalho feminino e do controle da produção agrícola[16].

Outros exemplos de experiência utopista — como a das Missões do Paraguai (1606-1767) — podem ser recordadas, mas o impulso humanitário dos primeiros tempos será isolado e depois sufocado pela burocracia do sistema colonial espanhol. Por outro lado, a aventura européia degenera, pela sua própria abstração e claudicação com seus ideais, em refinadas formas de hipocrisia. O fim da aventura era — como diz Leopoldo Zea — servir de estímulo à Europa[17].

5.2.2. A neo-utopia ilustrada

Mas como as imagens não são a realidade e sim o seu simulacro — sempre impregnadas da "força e qualidade dos afetos que secundaram o momento da sua fixação"[18] —, sua consistência de forma tem notável poder de resistência ao tempo e de circulação pelo espaço. Assim, a representação poética dos cronistas, de antiqüíssima linhagem, e a racional dos humanistas, ditada pelas aspirações da era moderna, produziram-se pela euforia diante da aparição do novo objeto e garantiram sua perpetuidade nos textos, graças à sua notável flexibilidade para adaptar-se às

---

16. O cotejo das "Ordenanzas" de Quiroga e *Utopia* de More foi feito por Silvio Zavala em *Ideario de Vasco de Quiroga*, México, El Colegio de México, 1941.

17. Leopoldo Zea, *América como conciencia*, 2ª ed., México, Universidad Nacional Autónoma de México, 1972, 57.

18. Alfredo Bosi, "Imagem, discurso", *Discurso*, nº 5, 1974, 65. Esse artigo foi incluído no livro do Autor, *O ser e o tempo da poesia*, São Paulo, Cultrix, 1977.

necessidades históricas dos hispano-americanos. Um dos momentos felizes dessa ocorrência aconteceu à raiz das teses polêmicas de Buffon e Cornelio de Pauw sobre a inferioridade do Novo Mundo, na segunda metade do século XVIII. A rejeição sistemática à especulação escolástica e a insistência na necessidade da investigação experimental levaram os naturalistas ilustrados a refutar a utopia da América com o escudo da ciência e do progresso. Buffon dirá que o continente americano é novo e "imaturo"; que o aborígine é incapaz de dominar o meio e que carece até de ardor sexual; que o clima é insalubre e as espécies imperfeitas ou degeneradas. Para de Pauw, a América é um mundo à margem do progresso e só se livrará de sua condição degradada pelo contato com a Europa. No coro das refutações *criollas* às "calúnias" dos detratores da América, as vozes dos precursores da independência (José Manuel Dávalos, Hipólito Unanue, José Cecilio del Valle, Francisco José Caldas, Frei Servando Teresa de Mier) deixaram entrever a consciência política dos efeitos nefastos das teorias naturalistas (justificadoras do colonialismo europeu) para os seus ideais de reforma social e de autonomia.

Nos escritos de Frei Servando, por exemplo, as referências aos "desatinos" de de Pauw visam insinuar-lhes a inspiração espanhola antiamericanista e comparecem no mesmo contexto de suas denúncias da corrupção dos vice-reinados, da censura inquisitorial e do autoritarismo espanhol:

> Pauw, que parece escribió sus investigaciones americanas dentro del círculo polar, según su absoluta ignorancia de las cosas de América, y a sugestión de un español escribió contra los americanos (...), con una pluma teñida en sangre de caníbales, dijo que la América entera es un continente acabado de salir de las aguas. Por consiguiente, todo lleno de pantanos y lagunas hediondas y mortíferas, incapaz de madurar ninguna fruta y sólo capaz de producir juncos, réptiles y espinos; que de sus corrompidos estanques ha saltado una casta de ranas llamadas indios, especie media entre los hombres y los monos orangutanes. Estos son delirios dignos de una jaula[19].

Se bem a mordacidade crítica de Frei Servando lhe adviesse do contato direto com as formas degeneradas do sistema colonial, o seu pensamento político era impelido por um conceito positivo da América, já formulado naquele famoso sermão de Guadalupe, de 1794 — ponto de arranque de sua trajetória de rebelde perseguido e andarilho. Não se pode entender hoje o reto sentido daquele texto herético para o Santo Ofício e francamente subversivo para a Monarquia Espanhola, senão como uma reivin-

---

19. Frei Servando Teresa de Mier, *Apología*, parte III. *Memorias,* tomo I, 2ª ed., México, Porrúa, 1971, 121-2.

dicação americanista que ia muito além da fachada inocente das duas proposições discursivas: 1) o Evangelho foi pregado na América séculos antes da Conquista por São Tomé (a quem os astecas chamaram de Quetzalcóatl — o deus-herói mítico cuja representação é a serpente emplumada); 2) a Virgem era cultuada pelos indígenas desde a pregação do apóstolo na imagem de Tonantzin (a deusa da fertilidade entre os astecas) e só depois da Conquista é que esta foi identificada como "Virgem de Guadalupe" [5-98]. Corretas ou não, cientificamente, essas idéias implicavam a desvalorização do trabalho evangélico dos espanhóis (inadmissível dentro da atribuição missional da Conquista) e continham uma versão revolucionária e ilustrada pelos doutos argumentos aportados, de uma cultura autóctone cristã e, portanto, apta a ingressar na cultura ocidental, sem a mediação colonial.

Nessa mesma ordem de protesto anti-hispânico e da qual arranca a formulação de uma nova imagem da América, as investigações dos jesuítas expulsos logram constituir a mais coesa contestação *criolla* à suposta inferioridade do Novo Mundo. Os estudos sobre a natureza — como os de orgulhosa chilenidade do Pe. Juan Ignacio de Molina (1776) — e sobre o indígena — como a *Storia Antica del Messico* (1780-81), do Pe. Francisco Xavier Clavijero, que defende o potencial criador da cultura náhuatl, inclusive dos ângulos científico, lingüístico e religioso — se erigem como claros sintomas dos nascentes nacionalismos americanos, que, de uma plataforma reivindicatória neo-utópica, começavam a abalar as bases da monarquia espanhola nas Índias.

É certo que a obra do grupo de jesuítas desterrados manifesta "una nostalgia común del paraíso indiano de que fueron arrojados", como diz Picón Salas[20]. Mas à imagem edênica, que unifica a sua ensaística, prevalece a racional utópica, mais afeita ao propósito político-social de dar às coisas americanas um posto válido na era moderna. É na literatura que a tendência a revitalizar o utopismo, traço do modo *criollo* de apropriação das teses ilustradas, vai encontrar terreno favorável a combinar o seu código racionalista ao poético da imagem edênica. O poema descritivo *Rusticatio mexicana* (1781 e 1782) de Rafael Landívar revivifica a tópica da América paradisíaca nas descrições jactanciosas da flora e da fauna, da beleza plácida de rios, lagos, cascatas e montanhas, da feracidade da terra, da excelência dos minérios de ouro e prata. Para compor o seu vasto cenário (15 cantos)

20. M. Picón Salas, *De la Conquista a la Independencia*, 5ª ed., México, Fondo de Cultura Económica, 1969, 185.

104

de bonança tropical, o jesuíta guatemalteco valeu-se dos motivos virgilianos de exaltação da vida rural, da ética do trabalho agrícola, da industriosidade dos habitantes do campo mexicano, da singeleza dos costumes rústicos e até recorreu a neologismos, latinizando vocábulos nahuas, para nomear as coisas americanas e inseri-las no repertório cultural do mundo clássico.

Esse paradoxal *criollismo* em latim não se limitou, contudo, à mera afirmação do nativo para desautorizar as teses dos naturalistas Buffon e de Pauw. À idealização arcádica do agro novo-hispano, Landívar acrescenta, no VI canto, uma alegoria da América utópica na descrição da vida comunitária dos castores ("fibri")[21]: a divisão do trabalho, a engenhosa construção da "cidade", a solidariedade laboral, as provisões para o inverno, os passatempos compartilhados, o rigor dos castigos aos infratores, etc...

A res-publica dos castores vinha assim culminar, em espécie metafórica, o ciclo das aspirações utópicas que desde sempre tinham depositado no Novo Mundo os projetos de uma humanidade mais feliz, de uma liberdade não comprometida, de uma sociedade mais justa. E, sobretudo, significava que o sonho que nutrira os ideais humanísticos da modernidade européia fôra definitivamente apropriado pelos hispano-americanos no umbral de sua autonomia política. E o que fazer agora com a imagem visionária?

5.2.3. Civilização *vs.* Barbárie

No primeiro período do movimento de independência, essa imagem servirá para alentar os grandes projetos de iniciar uma história própria, racional e planejada de acordo com as bases da Filosofia da Ilustração. A teoria do homem universal, os princípios dos direitos humanos, a fé no progresso tinham concreções convincentes: Inglaterra com sua revolução industrial e suas instituições políticas; a França com sua revolução política e

---

21. A análise dos elementos utópicos da *Rusticatio* foi ensaiada por Arnold L. Kerson, em "El concepto de utopía de Rafael Landívar en la *Rusticatio Mexicana* (*Iberoamericana*, nº 96-97, jul.-dez., 1976, 363-379), cujas conclusões aproveitei aqui, exceto a de que o uso do latim no poema se devesse à tradição jesuíta. Outros padres americanos desterrados, como Clavijero, Cavo, Alegre ou Molina, escreveram em línguas romances. O mais provável é que Landívar, longe de querer preencher o seu ócio com a dignidade dos hexâmetros latinos, elegesse o latim como a língua mais adequada aos seus propósitos políticos: obter mais rápida difusão de suas idéias na Europa culta e dar status cultural ao mundo americano.

ideológica e os Estados Unidos com suas novas instituições de caráter liberal e democrático. A liberdade e o bem-estar social poderiam ser alcançados dentro destes cânones modernos, dos quais a Espanha se apartava irremediavelmente. Cortar as amarras com este mundo retrógrado e negativo dos novos ideais fechava o círculo da ideologia otimista que inspirava a vontade revolucionária dos hispano-americanos.

Quando se frustram os ideais da Revolução Francesa, com a destruição do Império de Napoleão e o surgimento da Santa Aliança (1818-1822), da crítica à claudicante Europa, brota a mais perdurável imagem que o pensamento decimonônico conseguiu forjar (e a que pôde atravessar o período romântico em meio a tantas vicissitudes): a da América jovem, depósito de potencialidades, reserva da História, destinada à suprema vocação de reformar o Homem. Na exaltação da natureza, subproduto da *mitologia do porvir*, refina-se a vontade de ocupar o sítio privilegiado da liberdade e da cultura. A "Alocución a la poesía" (1823) de Andrés Bello, sintetiza bem os motivos mencionados, na exortação à Poesia:

> Tiempo es que dejes ya, la culta Europa
> que tu nativa rustiquez desama,
> y dirijas el vuelo adonde te abre
> el mundo do Colón su grande escena.

A contraposição América *vs.* Europa é mais adiante reabsorvida no antagonismo entre a Poesia e a Filosofia, entre a inocência do primitivo e a degeneração da razão. À Europa corrupta — "luz y miseria", "encina carcomida", onde a "coronada hidra" (alusão à Santa Aliança)[22] ameaça o retorno à "noche de barbárie y crimen" — o poeta opõe a imagem estelar:

> América, del sol joven esposa,
> del antiguo Oceano hija postera
> en su seno feraz cría y esmera.

A mesma intenção revolucionária, paradoxalmente expressa em forma neoclássica, retorna três anos depois na silva "La agricultura de la zona tórrida", poema de cunho didático que descreve o banquete da "tierra hermosa" para defender o *ethos* virgiliano na construção das nacionalidades americanas. A América como refúgio da liberdade é a idéia que o americanismo de Bello fez circular entre seus coetâneos.

---

22. A exegese dessa imagem foi feita por E. Rodríguez Monegal em *El otro Andrés Bello*, Caracas, Monte Ávila, 1969, 70.

La hoguera anunciadora, diz Henríquez Ureña, salta, como la de Agamenón, de cumbre en cumbre, y arde en el canto de victoria de Olmedo, en los gritos insurrectos de Heredia, en las novelas y las campañas humanitárias y democráticas de Fernández de Lizardi, hasta en los *cielitos** y los diálogos gauchescos de Bartolomé Hidalgo[23].

Mas todo o otimismo do conceito valorativo do espaço americano viria a esboroar-se contra a crueza da realidade que resistia à adaptação dos esquemas progressistas dos países modernos. A exemplaridade da democracia que se havia instalado com a independência das treze colônias norte-americanas levava a decepcionantes confrontos com a América abaixo do Rio Grande que, por volta de 1830, debatia-se em guerras civis, ditaduras, analfabetismo, agitações e violência. A teoria do homem universal parecia agora uma falácia para o intelectual hispano-americano que assistia à escalada fulminante do *caudillismo*, fenômeno imprevisto para os ideólogos formados no enciclopedismo e que só se explicava pela herança do autoritarismo e feudalismo espanhóis. O vínculo com a Espanha não podia ser cortado de um golpe e o grande dilema que se abatia sobre a Hispano-América era como desfazer-se da pesada carga colonial. O cenário da América do século XIX, mostrava no conflito dos opostos (passado ou futuro, absolutismo ou democracia, barbárie ou civilização), a própria crise de sua identidade cultural.

Bolívar encarna, melhor que nenhum outro americano de seu tempo, o processo de conversão da imagem eufórica da América na sua contrapartida e a conseqüente crise axiológica patente nos dualismos exclusivos[24]. O seu pensamento descreve um trajeto parabólico que, em duas décadas, vai do otimismo dos ideais da democracia absoluta para o ceticismo, digamos, da relativização da democracia. A *Carta de Jamaica* (1815), texto que marca o zênite da mencionada evolução, já revela a pugna entre a visão utópica e a realista. O sonho da Grande Federação Americana, da fraternidade das novas nacionalidades, unidos co-

---

* *cielito*: tipo de composição gauchesca, de começos do século XIX, cujo estribilho começava com "ay, cielito..."

23. P. Henríquez Ureña, *Seis ensayos en busca de nuestra expresión*, *Obra crítica*, México, F. C. E., 1960, 241.

24. É curiosa a analogia que estabelece Víctor Andrés Belaunde entre a dualidade do pensamento de Bolívar e as duas estátuas, a de Caracas e a de Lima, que representam os dois momentos de sua ação política: na primeira, arrogante e a cavalo, traduz os sonhos de grandeza dos tempos libertários; a segunda o mostra fatigado e triste, a espada inerte, como que derrotado diante da realidade americana (cf. *Bolívar y el pensamiento político de la revolución hispanoamericana*, Madri, Cultura Hispánica, 1959, 139).

mo na anfictionia grega ("Qué bello sería que el istmo de Panamá fuese para nosotros lo que el Corinto para los griegos"), esbarra com a falta de preparação dos hispano-americanos para a liberdade, devida à passividade colonial:

> Nosotros somos un pequeño género humano, poseemos un mundo aparte, no somos ni indios ni europeos, sino una especie media entre los propietarios del país y los usurpadores españoles.

Essa constatação o levará a preconizar um regime de transição entre a antiga organização espanhola, centralista, e os ideais democráticos da Revolução, para "evitar las anarquías demagógicas o las tiranías monocráticas". No *Discurso de Angostura* (1819) acentua-se o afastamento da idéia de democracia pura, rousseauniana, que vai desembocar na tese da presidência vitalícia do Estado Federal Andino, no Congresso do Panamá (1826) e na ditadura da Gran Colombia, ao final dos anos 20.

Não cabe aqui o exame das causas históricas que levaram o libertador ora à contradição do seu postulado de um governo forte e ao mesmo tempo liberal, legalista e democrático, ora à renúncia até mesmo a essa solução provisória e ao ideal continental da Pátria Grande[25].

Para os objetivos do nosso tema, basta assinalar que, do questionamento bolivariano da imagem utópica da América não emerge jamais a descrença no futuro americano. A idéia da universalidade da cultura hispano-americana, fundamentada no ideal da solidariedade continental, é a que teve maior ressonância no seu tempo e até no século XX. É o seu gênio político que faz erigir, dos escombros da utopia romântica do grandioso destino a ser produzido pela mecânica da História[26], a nova utopia que iria canalizar as forças da emancipação mental dos hispano-americanos, desde meados do século XIX: a da Educação.

As raízes do novo mito se encontravam nos dois princípios correlatos que deram o arranque da Revolução: 1) desvencilhar-se

---

25. Sobre essa questão, o citado livro de Belaunde é abundante na análise e documentação. V. sobretudo caps. XX a XXX.

26. Antonio Cândido sintetizou essa utopia na fórmula "terra bela--pátria grande", em que a relação causal conduzia "a una literatura que compensaba el retraso material y la debilidad de las instituciones por la supervalorización de los aspectos 'regionales', haciendo del exotismo un motivo de optimismo social" ("Literatura y subdesarrollo", C. Fernández Moreno, (org.), *América Latina en su literatura*, México, Siglo XXI, 1972, 336). É preciso assinalar, porém, que se a literatura nativista conseguiu sustentar até fins do século XIX a dita "mitologia do país novo", no ensaio ela é precocemente questionada, quando, da visão apocalíptica da "barbárie", se forja o mito da Educação.

da tradição espanhola (sempre a culpada pelo despreparo, a ignorância e os vícios do presente); 2) encontrar um lugar na História (na modernidade), adotando fórmulas estrangeiras para ingressar, a curto prazo, na nova ordem gerada pela cultura ocidental. Assim, quando os povos hispano-americanos tomam consciência da marginalidade da cultura em que tinham se formado — problema que se coloca, segundo Leopoldo Zea, desde os fins do século XVIII e com toda crueza no XIX[27] — lançam-se a assimilar os valores e os frutos da nova cultura. Não custa repetir que, no processo desespanholização-europeização, o exemplo dos Estados Unidos atua como pedra de toque. Pode-se dizer que este fato é o reflexo, no plano intelectual, do surgimento daquele "pacto neocolonial" do plano econômico, quando se fortalece a hegemonia continental da nascente potência imperialista que, no correr do século XIX, assumiu o papel de "gendarme" a serviço dos interesses financeiros internacionais, para, no início do século XX, defender os próprios[28].

Lúcidos educadores de então tiveram consciência da inadequação dos modelos forâneos à realidade latino-americana e afirmaram a necessidade de "independência espiritual". José de la Luz y Caballero, Esteban Echeverría, Juan Bautista Alberdi, José Victorino Lastarria ou Francisco Bilbao, criticaram o servilismo da adoção das filosofias inglesa, francesa ou alemã, sustentando a urgência de soluções próprias. Malgrado a comprovação dos desajustes de todo tipo de transplante cultural à América Latina, parecia inevitável a "europeização", devido à incipiência das teorias educacionais próprias, à inexistência de uma Filosofia americana, ao afastamento do intelectual das massas iletradas (ora pelo seu *status* social, ora por sua refinada formação parisiense ou londrina), e, em suma, devido ao desconhecimento do que fosse a tão propalada "realidade latino-americana". De resto, os contrastes entre a vida urbana e a rural, as disparidades sociais, o caos político, a brutalidade do meio, eram tidos como índices de "barbárie", cuja eliminação se programava pela assimilação das formas "civilizadas" de vida.

Foi Sarmiento quem reduziu o complexo problema cultural da América à antinomia civilização *vs.* barbárie (*Facundo*, 1845 e *Conflictos y armonía de las razas en América*, 1883).

---

27. Cf. Leopoldo Zea, *Filosofía y cultura latinoamericanas*, Caracas, Consejo Nacional de la Cultura, Centro de Estudios Latinoamericanos "Rómulo Gallegos", 1976, 25.

28. O "pacto neocolonial" é examinado em suas implicações históricas por Halperin Donghi, *Historia contemporánea de América Latina*, 3ª ed., Madri, Alianza, 1972, sobretudo 214-5 e 284 e ss.

109

Segundo seu esquema, no solo argentino — e extensivamente no da América — conviviam duas civilizações: uma medieval, retrógrada, bárbara que habita o campo e outra moderna, educada, europeizada, que habita a cidade. Os elementos que compõem a imagem da América bárbara são identificados com a herança espanhola (a Inquisição, a escravidão, o despotismo) e com o substrato indígena (a perfídia, a indolência, o primitivismo, a ignorância) — inclusive nas zonas de culturas autóctones superiores. Facundo, o *caudillo* sinistro, o "gaúcho malo", produto do regime tirânico de Rosas, personifica os males da barbárie:

> "es el hombre de la naturaleza... el hombre bestia aún que gustaba ser temido"; "ignorante, rodeándose de misterios y haciéndose impenetrable, valiéndose de una sagacidad natural... fingía una presciencia de los acontecimientos que le daba prestigio entre las gentes vulgares"; "es el bárbaro, no más, que no sabe contener sus pasiones, y que, una vez irritadas, no conocen freno ni medida"; "es el terrorista que a la entrada de una ciudad fusila a uno y azota a otro, pero con economía, muchas vezes con discernimiento"[29].

Para extirpar esse flagelo, Sarmiento propõe um programa civilizador para o "novo governo" que, entre as sugestões para organizar a instrução pública, promover a literatura, a justiça, a moralidade dos costumes e as relações internacionais, destaca a imigração de estrangeiros:

> en veinte años sucederá lo que en Norteamérica... que se han levantado como por encanto ciudades, provincias y estados en los desiertos... [336].

Com esta solução de importar as técnicas e o progresso, numa espécie de campanha sanitária para suprimir os males endêmicos da sociedade, superpondo uma cultura postiça para gerar uma "vida superior", Sarmiento culmina as contradições de seu ensaio-romance[30]. Faltou-lhe certamente um método sociológico mais depurado para atinar com a complexidade estrutural do problema do *caudillo* e da marginalidade social do índio. Mas suas teses careceram, sobretudo, de rigor conceitual, posto que conferiu um estatuto de barbárie a uma cultura que era, na verdade, *bastarda*, formada de elementos heteróclitos, que hibridi-

---

29. Sarmiento, *Facundo*, 6ª ed., Buenos Aires, Losada, 1974, 80-1 e 162.

30. Nos artigos dos seus últimos anos (1887 e 1888), Sarmiento reconhece os riscos da imigração indiscriminada, pela ambição desmesurada, o analfabetismo e a inassimilação dos contingentes ao meio (cf. Ezequiel Martínez Estrada, *Sarmiento*, 3ª ed., Buenos Aires, Sudamericana, 1969, 89-94 e 101-2).

110

zam o selvagem e o civilizado[31]. Ao considerar como aberrante a maior porção da América, e a mais legítima, por mestiça, sobrestimou a minoria que remedava uma concepção da sociedade e do indivíduo, emprestada do racionalismo francês e inglês dos séculos XVII e XVIII. Com esta idéia de civilização, distante da tradição *criolla*, Sarmiento privou a sua utopia educacional de de operar sobre bases históricas mais reais.

Desde que a relação entre a imagem apocalíptica da América bárbara e a admiração pelos esquemas progressistas, testados com êxito nos Estados Unidos – ditava a diretriz do processo intelectual decimonônico, a instalação do positivismo como filosofia oficial parecia a melhor solução para ingressar na vanguarda da civilização. Não cabe aqui repassar os resultados alcançados, no terreno político-econômico, pelas ditaduras ou regimes liberais de corte positivista[32]. No espaço do discurso americanista, cumpre indicar que o cientificismo da nova doutrina, aplicada tanto aos fenômenos físicos, quanto as espirituais, morais e sociais, iria gerar um notável recrudescimento da imagem disfórica da América, na unidade cultural "América enferma".

Dois atributos desta América, a latinidade e a mestiçagem, são julgados segundo os critérios das teorias raciais da superioridade nórdica e pelas idéias darwinistas sobre a biologia e o organicismo social. A indisciplina, a impulsividade, a falta de espírito prático, o misticismo e a fantasia passam por manifestações da inferioridade da raça latina. Mas, como o latino é, pelo menos, europeu e branco, o racismo finissecular concentrará suas acusações sobre o mestiço[33]. Da análise clínica a que submetem a sociedade hispano-americana, sairá o diagnóstico de que são as qualidades do mestiço, tanto as herdadas biologicamente, como as determinadas pelo meio – (desarmonia psíquica, imoralidade, servilismo, preguiça, belicosidade, hipocrisia, egocentrismo, etc.) –, as causas da doença social, que impedem o viço das instituições democráticas. A cura é conforme o critério cirúrgico: branquea-

---

31. Usando os termos de Sapir, Martínez Estrada observa que a cultura bárbara é uma "cultura genuína", por oposição à "bastarda", produto do encontro de povos, como na conquista romana (cf. *op. cit.*, 61-64).

32. Remeto ao conhecido estudo de Leopoldo Zea, *El positivismo en México*, México, El Colegio de México, 1943.

33. A divulgação das *Lois psychologiques de l'évolution des peuples* (1894) de Gustave Le Bon, formuladas em torno da tese de que o produto da mistura das raças é sempre inferior às originais, foi decisiva para a crítica à mestiçagem na América Hispânica. Esses ecos da psicologia das raças de Le Bon são estudados por Martin Stabb em *América Latina en busca de una identidad*, Caracas, Monte Ávila, 1969, Cap. II.

111

mento literal das populações, pela imigração, ou branqueamento metafórico, pelo "estudo positivo" da história, da política, da economia, da sociologia[34].

Não obstante o pleno vigor das teses positivistas, entre 1880 e 1900, escritores de grande envergadura intelectual como Manuel González Prada, Justo Sierra e José Martí, fizeram objeções ao simplismo dos tratados racistas sobre o "caráter nacional", alertando para a relatividade de um pensamento que forçava a implicação entre a noção de evolução e a de valor. Ao começar o novo século, já era hora de remover as falácias da ciência positiva, para desembaraçar o percurso da utopia americana do mito pessimista de nossa inferioridade cultural.

5.2.4. América, latina ou mestiça?

Visto em conjunto, o discurso americanista deste século se caracteriza pelo esforço sistemático de (re)construir a imagem eufórica da América. Seu método prospectivo se apóia, fundamentalmente, na crítica aos preconceitos que nutriam a ideologia da "inferioridade natural" dos povos sulistas, para reabilitar o conceito da América como reserva dos ideais humanitários da cultura ocidental. Esse movimento que vai da aceitação irrestrita de uma condição histórica, para o retorno à qualificação utópica do Descobrimento (ou melhor, da "invenção") da América, mostra, por um lado, o paradoxo que tem regido os anseios americanistas de promover a descolonização cultural. Mas, sua outra face significa que, nessa busca agônica e contraditória da identidade do "ser latino-americano", o resultado é a *consciência da diferença*, cuja função é estimular um projeto de superação da marginalidade histórica, imposta aos povos latino-americanos.

Nos complexos meandros dessa busca salientam-se dois atributos que compõem a imagem contemporânea da América: a latinidade e a mestiçagem. O processo de transição de um a outro, bem como, a legitimação de sua coexistência como fatores da universalidade da cultura desta América só se tornam inteligíveis graças à polêmica europeísmo *vs.* indigenismo, que abordaremos com destaque mais adiante.

A nova dimensão do americanismo abre-se com o ensaio *Ariel* (1900) de José Enrique Rodó, que se apresenta sob a forma de lição monologada que o venerável mestre Próspero

---

34. Os tratados sobre a "América enferma" mais conhecidos são: *Nuestra América*, de Carlos Octavio Bunge (1903), *Pueblo enfermo*, de Alcides Arguedas (1909) e *Sociología Argentina*, de José Ingenieros (1910).

112

dirige aos seus jovens discípulos. No simbolismo do texto, extraído de *A tempestade*, de Shakespeare, Ariel, o nume invocado, é o "imperio de la razón y el sentimiento... el entusiasmo generoso... la espiritualidad de la cultura... la gracia de la inteligencia", que devem prevalecer sobre "los estímulos de la irracionalidad... la sensualidad y la torpeza", representados por Calibán[35].

A definição dos objetivos democráticos da educação da juventude latino-americana e a crítica aos valores degradados da cultura norte-americana conlevam a descodificação dessa simbologia: a superioridade de Ariel, obtível por uma "estética de la conducta" — harmonia do ideal grego de beleza e o cristão de solidariedade humana —, identifica-se com a vocação natural da América Latina, por tradição étnica e cultural, e pelo "gênio da raça" (hispânico e latino) para os propósitos desinteressados do espírito. A denúncia da "nordomanía", enquanto ameaça à "deslatinização" da América, completa a formulação de um modelo cultural latino-americano, no qual deve predominar a igualdade de todos para que um processo de seleção natural suscite "la revelación de las *verdaderas* superioridades humanas" [224].

O ranço de aristocratismo da concepção arielista de sociedade democrática, regida pelos melhor dotados, bem como os ressaibos de conformismo, latente na oposição entre a espiritualidade da América Latina e o materialismo dos Estados Unidos, são compensados pela reivindicação oportuna de um *status* de universalidade de nossa cultura e pela confiança no ideal supranacional da Magna Pátria, como espaço moral e intelectual de aglutinação dos povos latino-americanos[36].

Estas idéias de Rodó provocaram uma notável intensificação do discurso americanista e a sua reabilitação da tradição hispano-greco-latina teve um papel inseminador para a revisão conceitual da América, empreendida nas décadas seguintes por Vasconcelos, Henríquez Ureña, Reyes, Carpentier e Lezama Lima.

Contudo, o desenvolvimento posterior da imagem da América vai se concentrar no atributo, que não só dilata a idéia do universalismo, mas contém inclusive a substância diferenciadora dessa cultura, com relação a outros modelos culturais. Trata-se

35. J. E. Rodó, *Obras completas* (ed. E. Rodriguez Monegal), 2ª ed., Madri, Aguilar, 1967, 207.

36. Fernández Retamar fez uma crítica à concepção arielista da América e inverteu a simbologia usada por Rodó: em vez de Ariel, é Calibán (anagrama de canibal), o selvagem explorado e colonizado por Próspero, quem encarna o povo latino-americano. Em última instância, a utopia arielista é substituída pela "utopia proletária". (cf. *Nossa América*, em col. Salvador Bueno, Lisboa, Seara Nova, 1973, 7-94).

da mestiçagem, enquanto produto da assimilação biológica e cultural de várias raças. As variações em torno do tema da América mestiça são abundantes e complexas. Nossa apreciação se contentará em relacionar apenas algumas, especialmente aquelas de conteúdo neo-utópico, vinculadas à imagem fundacional do continente.

No quadro da ideologia antipositivista que informa o americanismo dos anos vinte, podem-se indicar duas linhas retoras de formulação da idéia da América: 1) o reexame dos valores da cultura européia e a crítica sistemática ao modelo cultural anglo-saxônico; 2) a valorização das culturas indígenas. Ambas procedem de dois fatos que, segundo Sánchez Barba, dão o fundamento da situação da América Hispânica de então: o auge do capitalismo norte-americano e o exemplo do nacionalismo revolucionário mexicano[37]. Esses fatos contraditórios e divergentes definem a tensão que experimentam os hispano-americanos ao começar o século e que terá, como instância positiva, o despojamento do seu complexo de inferioridade. Foi a Revolução Mexicana a responsável, nos anos vinte, pela euforia quanto ao futuro da América Latina, assim como, nos anos sessenta, foi a Revolução Cubana que abriu o novo ciclo de perspectivas otimistas.

A obra que melhor sintetiza essa primeira fase contemporânea de esperanças, e que provavelmente iniciou, ao nível continental, a valorização da mestiçagem, foi La raza cósmica de José Vasconcelos, publicada em 1925. Produto da vontade de inserir os nacionalismos ibero-americanos no projeto de restauração do humanismo do após-guerra, as teorias de Vasconcelos descendem das polêmicas raciais da época e da crítica a Hegel, para encontrar o lugar histórico correto do continente mestiço.

Concebe, assim, um processo de evolução humana que culmina na abolição das estirpes conhecidas, numa síntese feliz — a quinta raça, ou a "raça cósmica". Nesse desenvolvimento apoteótico, a parte ibérica do continente aparece como o espaço privilegiado, posto que:

dispone de los factores espirituales, la raza y el territorio que son necesarios para la gran empresa de iniciar la era universal de la Humanidad".

Mais adiante:

... tenemos todos los pueblos y todas las aptitudes, y sólo hace falta que el amor verdadero organice y ponga en marcha la ley de la Historia[38].

37. M. Hernández Sánchez Barba, *Las tensiones históricas hispanoamericanas del siglo XX*, Madri, Guadarrama, 1961, 29-30.

38. J. Vasconcelos, *La raza cósmica. Misión de la raza iberoameri-*

114

Ao enaltecer a vocação ibérica para a mistura de sangues, critica Vasconcelos, seguindo a linhagem de *Ariel*, o modelo cultural anglo-saxônico e supõe um *compasso sinfônico* na formação ibero-americana, que resultará na conciliação das possibilidades geológicas, étnicas, culturais e estéticas do planeta. A América será o centro, não a periferia da História, o paradigma humanista que cumprirá o sonhado monismo cósmico de Vasconcelos. Suas profecias prevem, inclusive, a excelência do trópico— para onde retornará a civilização, refeita finalmente dos estragos da decadência do Ocidente:

una civilización refinada e intensa responderá a los esplendores de una Naturaleza henchida de potencias, generosa de hábito, luciente de claridades. El panorama de Rio de Janeiro actual ó de Santos (...) nos pueden dar una idea de lo que será ese emporio futuro de la raza cabal que está por venir [41].

O entusiasmo e a sensualidade que latejam na utopia de *La raza cósmica* se completam no livro de 1926, *Indología. Una interpretación de la cultura iberoamericana*, onde Vasconcelos retoma a tese da *cultura sinfônica*. Vista hoje, à distância, ela é objetável, não tanto por sua euforia (compreensível para então), mas porque Vasconcelos não conseguiu vincular suas idéias à realidade de seu tempo; nunca chegou a compreender o sentido da Revolução Mexicana de 1910. Opina José Joaquín Blanco que sua persistência legalista e conservadora só pôde captar a repugnância das classes médias pelo autoritarismo e a corrupção dos caudilhos, sem perceber que eram as massas o sujeito histórico da revolução[39]. Mas suas idéias tiveram notável repercussão na América, pois catalisava a vontade anticolonialista da década de vinte e repropunha o conceito bolivarista do universalismo da cultura hispano-americana, tema sobre o qual voltariam escritores como Reyes e Carpentier.

5.2.5. Europeísmo *vs.* Indigenismo

Não foi por um passe de mágica que os hispano-americanos viram na mestiçagem um fator positivo para a definição de sua cultura. O ideário antipositivista de refutação das teorias racistas, vigentes no fim do século XIX, teve um degrau necessário na

cana, Madri, Aguilar, 1966, 62. A idéia da formação de uma nova estirpe e da futura homogeneidade da América Latina já aparece em uma declaração de Bolívar a San Martín (cf. V. A. Belaunde, *op. cit.*, 179).

39. J. J. Blanco, "Quetzalcóatl vs. Huichilobos", *Suplemento de Siempre* (La cultura en México), México, 9 de março, 1976, nº 735, 11.

corrente indigenista que se fortalece a partir dos anos dez. Com efeito, toda projeção eufórica do mestiço passa pela reabilitação dos seus componentes raciais: se a mistura de sangues se torna aceitável para o branco, é porque o negro e o índio adquirem *status* de humanidade e as suas culturas começam a ser repensadas dentro dos novos enfoques da História.

A filosofia de Spengler, divulgada na América desde a tradução ao espanhol de 1923, teve nesse sentido um papel inseminador. Ao problematizar a centralidade da cultura européia, diz o filósofo alemão:

> Y en cuanto a las grandes culturas americanas, han sido, sin más ni más, ignoradas, so pretexto de que les falta conexión; con qué?[40]

Em sua concepção das culturas como organismos biológicos, a decadência começa quando a reflexão filosófica substitui os mitos e a mística religiosa pelo racionalismo pragmático e cético. Não era difícil, pois, identificar, no seu ciclo morfológico das civilizações, a situação das sociedades indígenas como um "universo-história", em plena primavera, anterior ao declínio estival da reflexividade.

À influência das teses spenglerianas devem-se somar os progressos das investigações arqueológicas e etnológicas de Lévy--Bruhl, Frazer e Lang sobre as sociedades ditas primitivas. A descoberta de portentosas ruínas na costa andina e no planalto mexicano estimularam o reexame da América pré-colombiana e a opinião de que a colonização espanhola representava uma cisão desastrosa na história americana. Mais que o negro, cuja valorização se desencadeia na década de trinta, o *ab-origene*, como era então chamado, foi um motor à rebelião antieuropéia e antiespanhola que faria dele ora um *objeto estético* (um modelo de pureza, de força instintiva, de comunhão com a natureza), ora um *objeto social e político*, nas versões quéchua e náhua do marxismo.

Como objeto estético, o índio já havia sido enaltecido no já citado *Indología*, de Vasconcelos e já produzira o texto memorável de "Visión de Anáhuac", onde Reyes reconstrói o espetáculo do México asteca de 1519. Escrito em 1917, este ensaio antecipa o teor das reivindicações indigenistas da década de vinte, pela proposta de uma vinculação, através do espaço natural, entre as atitudes do mexicano atual e as dos astecas anteriores à Conquista. Uma suposta cultura indo-americana, unificada pela

---

40. T. Spengler, *La decadencia de Occidente*, tomo I, 41.

116

"alma comum" vincula-se às altas formas de civilização alcançadas pelos astecas, que Reyes descreve com emoção e minúcia. Reescrevendo o deslumbramento de cronistas como López de Gómara, Bernal Díaz e Hernán Cortés, evoca o vale, os templos, o mercado de Tenochtitlán, os costumes, o vestuário e a pompa nos palácios de Montezuma; examina a representação poética da natureza nas artes plásticas e na poesia náhuatl, onde acusa a similaridade dos motivos com os mitos gregos e uma "ideação não européia" na audácia das metáforas[41].

Mas enquanto Reyes se resguarda de qualquer fantasia nostálgica de perpetuação das formas indígenas de cultura[42], Ricardo Rojas adota uma postura neo-romântica de atribuição de valor estético a todos os produtos culturais de base indígena. Na sua mística da natureza glorifica o "nume do lugar" como uma autêntica manifestação telúrica, capaz de incorporar todo elmento exótico (europeu).

> En América – explica o A. – el proceso de "antes" y "después" se entrecruza con las mareas sociales de "aquí" y de "allá", o sea, de afuera hacia adentro de adentro hacia afuera, en una especie de ritmo intercontinental[43].

Com abundantes exemplos da transformação do castelhano procura demonstrar como a convivência histórica forjou o espaço euríndico, no qual o autóctone absorve o europeu, apontando para uma civilização universal.

Na outra vertente do indigenismo dos anos vinte, o índio significa não já o objeto de beleza, "engendrador de eternos goces", como dissera Reyes, mas o símbolo da nacionalidade, o

---

41. A. Reyes, "Visión de Anáhuac" (1917), *Obras completas*, tomo II, (1956), 13-4.

42. Em um ensaio posterior, Reyes volta à questão indígena e define o lugar desta na cultura mexicana: "No tenemos una representación moral del mundo precortesiano, sino sólo una visión fragmentaria, sin más valor que el que inspiran la curiosidad, la arqueología: un pasado absoluto. Nadie se encuentra ya dispuesto a sacrificar corazones humeantes en el ara de divinidades feroces, untándose los cabellos de sangre y danzando al son de leños huecos. Y mientras estas prácticas no nos sean aceptables – ni la interpretación de la vida que ellas suponen – no debemos engañarnos más ni perturbar a la gente con charlatanerías perniciosas: el espíritu mexicano está en el color que el agua latina, tal como ella llegó ya hacia nosotros, adquirió aquí, en nuestra casa, al correr durante tres siglos lamiendo las arcillas rojas de nuestro suelo" (*Tentativas y orientaciones/ 1944/, Obras completas*, tomo XI, 1960, 161).

43. R. Rojas, *Eurindia*, tomo V de *Obras*, Buenos Aires, La Facultad, 1924, 20 (cf. também caps. XII a XX).

mártir da colonização, o herói da resistência às deformações capitalistas. O substrato ideológico ganhará novas conotações políticas, mas continuará sendo animado pelo desejo de encontrar uma alternativa diante dos valores europeus decadentes. Vinha, assim, o indigenismo a cumprir uma dupla função compensatória, no terreno da ação política (revitalizar os regimes coletivistas de trabalho) e da ação cultural (solucionar o tradicional conflito de ser original perante a Europa).

Os ideólogos mais notáveis dos nascentes programas do radicalismo na América Hispânica foram, sem dúvida, Manuel González Prada, Antenor Orrego e Victor Haya de la Torre. Mas para os objetivos desta exposição foram os *Siete ensayos de interpretación de la realidad peruana* (1928), de José Carlos Mariátegui que orientaram e redefiniram o conceito de indigenismo, tanto na política como na literatura.

Figura lendária de revolucionário heterodoxo, Mariátegui condenou o simplismo dos sentimentos antiianques dos radicais de seu tempo e procurou repensar a questão do colonialismo de modo abrangente, que envolvesse a visão do vencido. Acusou o culto do índio na literatura como imitação da moda européia do exótico, propondo que, em vez de indigenismo deveria haver na América uma literatura indígena, produzida pelos próprios índios e com o sentido de reivindicação do elemento autóctone.

Sua recolocação do problema do índio implicava tomá-lo numa perspectiva social, econômica e política e não meramente étnica, argumentando que no Peru os conquistadores haviam lançado as bases de uma economia feudal, sobre as ruínas e resíduos de uma economia socialista[44]. Na sua concepção antipaternalista dos valores indígenas, criticou a utopia mestiça de Vasconcelos e no seu lugar colocou a viabilidade de uma utopia índia. Se era válida a fé no mestiço como tipo humano e étnico, como tipo social considerava que o seu hibridismo possuía uma "estagnação sórdida e mórbida" [398]. Ao contrário, as sociedades indígenas continham um padrão social resgatável, porque:

> Bajo el más duro feudalismo, los rasgos de la agrupación social indígena no han llegado a extinguirse. La sociedad indígena puede mostrarse más o menos primitiva o retardada; pero es un tipo orgánico de sociedad y de cultura (...) una sociedad autóctona aún después de un largo colapso, puede encontrar por sus propios pasos, y en muy poco tiempo, la vía de la civilización moderna y traducir, a su propia lengua, las lecciones de los pueblos de Occidente [400].

44. J. C. Mariátegui, *Siete ensayos de interpretación de la realidad peruana*, La Habana, Casa de las Américas, 1973, 2.

118

Mas é em outro meandro da heterodoxia de seu pensamento que melhor se caracteriza a sua utopia americanista. Como é sabido, na versão "porvenirista" de Mariátegui, o destino da América se realizará não dentro da ordem burguesa, mas sim com plenitude no socialismo. Contudo, na sua adaptação do marxismo à realidade peruana, e sua crítica ao materialismo envolvia a proposição de um *mythos* no horizonte revolucionário:

> Ni la razón ni la ciencia pueden satisfacer completamente la necesidad de infinito que hay en el hombre... solamente el mito tiene el extraño poder de alcanzar las profundidades de su ser[45].

Alguns analistas de sua obra fazem coincidir a idéia do *mito necessário* com a fé religiosa, recordando amiúde a sua crença católica da juventude[46]. Sem embargo, no seu estudo do fator religioso dos incas, se entrevêem as origens indigenistas do seu humanismo marxista. A ampliação e aprofundamento do conceito de religião nutriu-se, certamente, na doutrina antiintelectualista de Georges Sorel, na qual a noção de mito como verdade relativa se formulava como instrumento para realizar uma ação proposta. Mas é na organização teocrático-coletivista do Incanato que Mariátegui busca justificar a preservação da mitologia:

> El pueblo incaico ignoró toda separación entre la religión y la política, toda diferencia entre Estado e Iglesia. Todas sus instituciones, como todas sus creencias, coincidían estrictamente con su economía de pueblo agrícola y con su espíritu de pueblo sedentario. La teocracia descansaba en lo ordinario y lo empírico; no en la virtud taumatúrgica de un profeta ni de su verbo. La religión era el Estado [188].

A identificação absoluta 'entre a religião quéchua e o regime político do Tawantinsuyu apoiada mais em princípios éticos que em concepções espiritualistas, é a verdadeira fonte do socialismo antimaterialista que Mariátegui projetou para toda a América. Por isso, o relativismo do seu pensamento, no qual muitos acusam inspiração "europeizante" vem a ser apenas a envoltura filosófica, que visa teorizar a estrutura social de uma cultura ágrafa.

No mesmo ano da publicação dos ensaios de Mariátegui, apareceram os *Seis ensayos en busca de nuestra expresión*, de Pedro Henríquez Ureña. Os nove trabalhos que compõem o livro são o produto de catorze anos de reflexão crítica sobre temas

45. *Idem, El alma matinal*, Lima, Amauta, 1959, 18.
46. Cf. E. Chang Rodríguez, *La literatura política de González Prada, Mariátegui y Haya de la Torre*, México, Studium, 1957, 152.

miscelâneos, que vão dos problemas de construção de uma historiografia literária hispano-americana aos da atualidade teatral; do gênio dramático de Ruiz de Alarcón à adoção do simbolismo francês na poesia finissecular; das veleidades líricas de Alfonso Reyes à resenha bibliográfica; da evocação fúnebre a um panorama de vinte anos da literatura nos Estados Unidos[47]. Quase todos esses trabalhos estão unificados pela perspectiva do questionamento da originalidade da expressão literária na América Hispânica.

Do conjunto de textos é a primeira secção do ensaio "Orientaciones", inicialmente uma conferência pronunciada em Buenos Aires, 1925, com o título "El descontento y la promesa" – que interessa ao nosso comentário, posto que dá maior ênfase à questão central e porque contém um balanço crítico das orientações americanistas dos anos vinte.

Henríquez Ureña observa, inicialmente, que a cultura hispano-americana esteve submetida, desde o período pós-colonial, ao ritmo cíclico das rebeliões espirituais, engendrado pelo descontentamento com a condição presente que, por sua vez, motiva a renovação das promessas para o futuro da América. Diagnosticando, pois, o fenômeno que recentemente Octavio Paz denominou a "tradição da ruptura" (aplicando este conceito à modernidade latino-americana)[48] o A. comprova, do romantismo ao modernismo, a repetibilidade dos programas de mudanças no passado e da fé em novos ideais políticos e estéticos. A breve introdução historiográfica serve para atingir o alvo preciso:

> Los inquietos de ahora se quejan de que los antepasados hayan vivido atentos a Europa, nutriéndose de imitación, sin ojos para el mundo que los rodeaba: olvidan que en cada generación se renuevan, desde hace cien años, el descontento y la promesa [243].

Sem fustigar diretamente os seus contemporâneos, Ureña denuncia o anacronismo da devoção nacionalista e o autoritarismo das fórmulas antieuropéias de sua geração:

---

47. P. Henríquez Ureña, *Seis ensayos en busca de nuestra expresión. Obra crítica*, 241-330. Para o conceito de cultura americana para o A. importam ainda: "La utopía de América" (conferência de 1922, na qual retoma o conceito rodoniano da América como Magna Pátria, incluída em *Ensayos en busca de nuestra expresión*, Buenos Aires, Reigal, 1952, 21-27); *Las corrientes literarias en la América Hispánica*, já citado, que delineia um painel das manifestações artísticas, cujo sentido é a unidade e a continuidade da cultura latino-americana (incluindo a brasileira). A primeira edição, em inglês é de 1945; em espanhol, 1947.

48. Octavio Paz, *Los hijos del limo*, Barcelona, Seix Barral, 1974, 13-36.

120

El criollismo cerrado, el afán nacionalista, el multiforme delirio en que coinciden hombres y mujeres hasta de bandos enemigos, es la única salud? [243].

Com fina ironia registra o temor apocalíptico na urgência neo-romântica de expressão:

Nos sobrecogen temores súbitos: queremos decir nuestra palabra antes de que nos sepulte no sabemos qué inminente diluvio [244].

Suas objeções ao nacionalismo estreito se fundamentam na consciência – que lucidamente tivera já Rodó – de que o idioma espanhol constitui um obstáculo irremovível, posto que todo idioma é o veículo de "modos de pensar y de sentir" [246]. Captou, igualmente, a dificuldade central das aspirações de representar o autóctone no indigenismo literário: a impossibilidade de usar as línguas indígenas, por desconhecimento do próprio autor, ou pelas restrições à desejada comunicação com o público. Na enumeração das soluções hispano-americanas para o problema da originalidade, acusa a ilusão temática na sucessão das quatro fórmulas do americanismo (natureza, índio, *criollo*, e temas "costumbristas"), mas anota os momentos felizes em que a seriedade predominou sobre o mecanismo e a retórica das fórmulas.

A abordagem da questão americanista conduz Ureña ao problema correlato, que constitui a medula de sua crítica à angústia da expressão hispano-americana: a legitimidade da incorporação das formas européias de cultura.

Todo aislamiento es ilusorio – diz –, somos parte de la familia románica y tenemos derecho a tomar de Europa todo lo que nos plazca: tenemos derecho a todos los beneficios de la cultura occidental [250].

O papel da mestiçagem fica insinuado na atribuição de uma "energia nativa" – uma espécie de depósito espiritual de que a América dispõe para estimular a continuidade da tradição ocidental. O fundamento da idéia da América em Ureña é, pois, o conceito da universalidade de sua cultura, que anteriormente Rodó e depois Vasconcelos e Reyes formularam em outros contextos.

De certo modo, a visão de Ureña da problemática americana antecipa a de Paz em *El laberinto de la soledad* (1950), quando este analisa a coincidência de nossos conflitos com os de todos os homens e a impertinência das particularizações nacionalistas. Mas enquanto Paz rejeita a validade de um núcleo da sociedade mundial ("se ha disgregado y todos nos hemos convertido en

121

seres periféricos, hasta los europeos y norteamericanos")[49], Ureña mantém o idealismo, de inspiração spengleriana, de sua geração:

tenemos derecho a considerar seguro el porvenir (...) porque para entonces habrá pasado a estas orillas del Atlántico el eje espiritual del mundo español [253].

Transcorrido meio século da investigação febril sobre a realidade americana dos anos vinte, podemos identificar nela duas linhas básicas de reflexão: a) a do utopismo com fundamento na mestiçagem e apontando à renovação dos valores da civlização ocidental; b) a do utopismo com fundamento autóctone e apontando ao resgate dos valores das sociedades indígenas, reprimidos desde a conquista ibérica.

Estas versões distinguem-se apenas pelo modo de entender a questão, crucial na época, da perda da centralidade da cultura européia. Enquanto na primeira a dissolução da Europa como arquétipo histórico é relativizada para erigir a América como herdeira e renovadora dos seus valores, na segunda, o radical cancelamento do eurocentrismo pressupõe um "outro possível" histórico, do qual a América será o modelo. Uns admitem, em suma, que o universalismo da cultura ocidental abriga o próprio germe de sua desintegração ontológica e prevê a geração de novos entes feitos à sua semelhança. Para outros, a América desencadeou a aniquilação da Europa como enteléquia, pela resistência das culturas autóctones, a qual vem a ser a própria negação de sua capacidade de gerar outros entes.

A polêmica europeizantes vs. indigenistas está hoje superada. Menos por seus excessos otimistas que por fatos históricos, como a Segunda Guerra, cujo sentido foi o de consumar a perda do particularismo europeu — reduzida então ao seu último baluarte, o racismo germânico — e o de provocar o fim da condição infra-histórica da América[50].

No utopismo unificador de ambas as versões, a América significa o universo cultural que caminha — ou que pode caminhar — em rumo à homonoia, à era mundial de paz e fraternidade, de progresso e de justiça social. No Brasil, o projeto nacionalista do modernismo careceu desse conteúdo utopista, mas teve a nota otimista de valorização do país e foi similar o desejo de liberar-se da tutela européia[51]. Na América Hispânica, as contradições,

49. *Idem, El laberinto de la soledad*, 4ª ed., México, Fondo de Cultura Económica, 1964, 142-3.

50. Cf. E. O'Gorman, *op. cit.*, 99.

51. Se bem Graça Aranha em *O espírito moderno* (publicado depois da Semana de Arte Moderna) esboça uma ligeira fé nas potenciali-

vacilações e até erros de perspectiva na conceituação de cultura nacional foram, provavelmente, mais visíveis e dramáticas que os do modernismo brasileiro, mas tiveram o poder de dar coesão à tarefa intelectual, de reunir e multiplicar projetos. O discurso americanista dos anos vinte foi uma tentativa programática de reencontrar as raízes perdidas, de reinventar a mitologia do porvir e essa aventura pôs definitivamente a América no centro do debate.

5.2.6. A mestiçagem cultural

Em sua segunda fase, a geração pós-arielista (anos 30 e 40), influenciada pelo pensamento de Ortega y Gasset e pelo magistério filosófico de José Gaos, empreende uma verdadeira "inquisição" sobre as circunstâncias imediatas do homem latino-americano. O enfoque sistemático da linguagem e do comportamento mestiços que manifestam a hipocrisia, o cinismo, a dissimulação, os explica como produto da exploração e humilhação da América pelos colonizadores de todos os tempos. A indagação sobre o caráter nacional – a mexicanidade, a argentinidade, a chilenidade, etc.[52] – está na raiz da etapa de consciência crítica da realidade americana, que evolui para um conceito positivo da mestiçagem como signo da cultura americana. O desejo de descolonizar essa cultura informa o trabalho intelectual de grandes ensaístas, como Fernando Ortiz, Alfonso Reyes, Mariano Picón Salas, Alejo Carpentier, Octavio Paz, Leopoldo Zea, Arturo Uslar-Pietri e José Lezama Lima[53].

---

dades universais da cultura mestiça brasileira, prevalecerá no decênio o ideário racista que, com *Retrato do Brasil* (1928) de Paulo Prado, culminará a visão desfavorável das raças que integram o povo brasileiro. (Cf. J. Cruz Costa, *Contribuição à história das idéias no Brasil*, 2ª ed., Rio de Janeiro, Civilização Brasileira, 1967, 398; D. Moreira Leite, *O caráter nacional brasileiro*, 3ª ed., São Paulo, Pioneira, 1976, 260-7; A. Bosi, *História concisa da literatura brasileira*, 2ª ed., São Paulo, Cultrix, 1975, 423-5).

52. Obras como *Radiografía de la pampa* (1933) de E. Martínez Estrada ou *El laberinto de la soledad* (1950) de Octavio Paz, incluem-se nesse grupo. Os Caps. VI e VII do citado ensaio de Martin Stabb, contém a bibliografia sobre o assunto. Não há, contudo, no âmbito hispano-americano, um estudo sistemático das teses sobre o caráter nacional, como fez D. Moreira Leite no livro citado na nota anterior. Sobre a influência de Ortega y Gasset e José Gaos no pensamento americanista, ver os Caps. 7 e 8 de José Luis Abellán, *La idea de América: origen y evolución* (Madri, Istmo, 1972). Apesar do título, este livro, como o de Stabb, não considera o legado colonial para a elaboração do americanismo.

53. Apesar de que Borges não se ocupou diretamente do problema da mestiçagem e até chegou a negar a unidade da América Hispânica, em

123

Conquanto difiram os objetivos e o terreno de sua discussão, a idéia predominante em suas análises é de que a mestiçagem é o verdadeiro critério para postular uma diferença latino-americana, com relação aos modelos europeu e norte-americano, como é também o critério para configurar um bloco cultural, diversificado por variedades regionais, mas homogeneizado pela receptividade às influências. Segundo suas teses, os sucessivos cruzamentos raciais, efetuados nesta América, provocaram na linguagem e no comportamento social, na literatura e na arte, nos regimes políticos e nas práticas religiosas, nos modos de vestir e de habitar, nas técnicas e na imaginação, uma capacidade de combinação e de estilização deformadoras dos modelos originários. Logo se vê até que ponto o fenômeno da mestiçagem, enquanto padrão diferenciador funciona como suporte da reinvidicação de uma identidade para o homem latino-americano no contexto ocidental.

Um dos ensaístas que trataram esse tema de modo enfático é Arturo Uslar Pietri que se interessou, não pelo aspecto biológico, mas pelas derivações que a mistura de sangues promoveu na vida e na arte *criollas*. No sugestivo ensaio "Lo criollo en la literatura", chama a atenção para a vocação hispano-americana para a "mestiçagem literária":

> La literatura hispano-americana nace mezclada e impura e impura y mezclada alcanza sus más altas expresiones. No hay en su historia nada que se parezca a la ordenada sucesión de escuelas; las tendencias y las épocas que caracterizan, por ejemplo, a la literatura francesa. En ella nada termina y nada está separado. Todo tiende a superponerse y a fundirse. Lo clásico y lo romántico, lo antiguo con lo moderno, lo popular con lo refinado, lo tradicional con lo exótico. Su curso es como el de un río, que acumula y arrastra aguas, troncos, cuerpos y hojas de infinitas procedencias. Es aluvial[54].

seus trabalhos dos anos 20 sobre o "criollismo" e o idioma argentino, tratou o tema de um ângulo nacional, chegando a conclusões similares às de Reyes e Henríquez Ureña. Vejam-se, por exemplo, "Queja de todo criollo" (*Inquisiciones*, Buenos Aires, Proa, 1925, 131-8); "El tamaño de mi esperanza" (que dá título ao segundo livro de ensaios de Borges, Buenos Aires, Proa, 1926, 5-10); "El idioma de los argentinos" (no volume homônimo, Buenos Aires: Gleizer, 1928, 163-83). Um estudo bem posterior abunda em perspectivas similares: "El escritor argentino y la tradición", conferência de 1951, incluída em *Discusión* (Buenos Aires, Emecé, 1957).

54. O ensaio está em *Las nubes* (1951), incluído em A. Uslar Pietri, *Veinticinco ensaios*, Caracas, Monte Ávila, 1969, 43. Em um ensaio posterior, o A. corrige o termo para "aluvional" (cf. "El mestizaje y el Nuevo Mundo", *En busca del Nuevo Mundo*, México, Fondo de Cultura Económica, 1969, 24). A idéia da cultura latino-americana como devora-

124

Uslar Pietri parece dizer que a literatura hispano-americana é carnavalizada, na acepção de Bakhtin. Mas a sua tese da aluvionalidade não aponta qualquer inversão carnavalesca, de conteúdo paródico, antes se interessa pelo aspecto diacrônico da acumulação e pela comparação com as literaturas estrangeiras. À diferença destas — entende o Autor — a hispano-americana manifesta o gosto pelas formas elaboradas, obscuras e complicadas; a deformação dos modelos; a proliferação do mítico e do simbólico; o predomínio da intuição e da emoção; o tom patético e a truculência psicológica; a utilização da literatura como instrumento de luta política e pregação reformista.

O ideologema da cultura latino-americana como recipiente de influências ocupa o centro de inteligentes análises da história e da literatura. Fernando Ortiz fala de "transculturação", termo que este sociólogo cunhou para referir-se ao processo transitivo, de assimilação recíproca de culturas em toda a América Latina (*Contrapunteo cubano del tabaco y el azúcar*, 1940). Alfonso Reyes discorre sobre o universalismo da inteligência americana, cuja abertura à assimilação e à novidade provêm do rechaço às segregações étnicas (*Última Tule*, 1942). Martínez Estrada diz que na América fez-se uma experiência antropológica semelhante à dos tempos da conquista romana e na qual as contribuições, heteróclitas, produziram uma "cultura bastarda" (*Sarmiento,* 1943). Mariano Picón Salas descobre, na combinação de formas européias e indígenas, o legado original das sociedades coloniais (*De la conquista a la independencia*, 1944). Para Octavio Paz, a dimensão histórica da *soledad* mexicana deita suas raízes na violação da cultura autóctone pelo conquistador europeu (*El laberinto de la soledad*, 1950). A contradição americana é, para Leopoldo Zea, produto da superposição de culturas em perene busca da forma unitária (*América como conciencia*, 1953)[55].

Nas versões sobre o tema da mestiçagem na ensaística hispano-americana não faltam imagens de notável teor poético. Lezama Lima, por exemplo, sintetiza os achados interpretativos da tradição americanista com suas metáforas barroquistas. Assinala o poeta cubano que a voracidade americana é um "protoplasma incorporativo", que conseguiu absorver as heranças hispânica e autóctone, erigindo um "espaço gnóstico" — aberto à produção do conhecimento e à proliferação de imagens.

dora de influências, bem como a proposta de uma historiografia literária diversa da européia apareceram anteriormente em R. Rojas, *Eurindia*, 20 e ss. e 114 e ss.

55. No item 2 da bibliografia final consta a citação completa dessas obras.

El *simpathos* de ese espacio gnóstico – completa o Autor – se debe a su legítimo mundo ancestral, es un primitivo que conoce, que hereda pecados y maldiciones, que se inserta en las formas de un conocimiento que agoniza, teniendo que justificarse, paradojalmente, con un espíritu que comienza. ¿ Por qué el espíritu occidental no pudo extenderse por Asia y África, y sí en su totalidad en América?[56]

A explicação, segundo Lezama, está na capacidade singular de fecundação vegetativa do espaço americano, de receber e gerar novas modalidades culturais. Em seu pensamento poético, o momento-chave de assentamento de uma verdadeira cultura americana foi o período barroco, quando as altas criações artísticas coincidem com o aparecimento de uma sociedade que sintetiza o hispânico e o incaico, o hispânico e o africano. Os exemplos desta síntese – a obra escultórica do índio Kondori e a do mulato Aleijadinho – manifestam traços formais e ideológicos que distinguem o barroco colonial do europeu. Nos interiores e portadas esculpidas por Kondori, a natureza do mestiço americano se expressa no "plutonismo", o fogo imaginário que rompe a unidade da teocracia hispânica, pela introdução de emblemas mágicos do sol e da lua junto aos anjinhos de pedra. A tensão formal da proliferação desmedida das esculturas do Aleijadinho revelam, igualmente para Lezama, a vontade de "contraconquista" que lateja sob a aparente docilidade da adoção do barroco português. A mesma vitalidade rebelde do fenômeno da mestiçagem aparece também nos excessos "luciferinos" de Domínguez Camargo, na curiosidade científica (pré-ilustrada) de Sor Juana Inés de la Cruz e na "gula" intelectual de Siguenza y Góngora[57]. As heresias e subversões dos artistas coloniais barrocos são, para Lezama, o desafio lúdico e o sintoma do amadurecimento do mestiço para a ruptura política do século XIX.

O dilema de situar a América no contexto ocidental – diretriz pragmática e historicista presente em todos os ideologemas do discurso americanista – encontra na mestiçagem o fator de autenticação de sua existência histórica. Considera-se que a parte ibérica do continente representa, nos tempos mo-

56. J. Lezama Lima, "Sumas críticas de lo americano", *La expresión americana* (1ª ed., 1957), Santiago, Universitaria, 1969, 43.

57. *Idem*, "La curiosidad barroca", do mesmo volume, 33-6 e 50. Um dos exemplos interessantes desse barroco mestiço é a escultura de um anjo tocando maracas, no pórtico da Igreja de Missões, citado por Carpentier como americanização da arte medieval tardia (cf. "Problemática de la actual novela latinoamericana", 22). Naquela integração do dissímil (diferente de "um índio tocando harpa") manifesta-se a tensão barroca que Lezama Lima atestou nos produtos culturais americanos, informados pela vontade de inversão do estatuto colonial, de reviravolta da História.

126

dernos, a revivescência de um fenômeno que marcou a história dos grandes centros irradiadores de civilização, como a Mesopotâmia, Grécia, Roma ou Espanha, onde o encontro de povos provocou a mistura de suas crenças, línguas, visões e técnicas, resultando em novas acomodações e formas originais de cultura. Esta idéia, que Martínez Estrada usou para caracterizar a "bastardia americana" no seu *Sarmiento*, é retomada por Úslar Pietri, para quem a confluência de povos na América não se restringe à mera mestiçagem sangüínea, mas acontece ao nível da produção cultural, em todo o território da América Ibérica e através de todas as classes sociais. A relevância da mestiçagem cultural enquanto fenomeno trans-histórico desautoriza, segundo Uslar Pietri, o complexo de inferioridade do latino-americano: o mito da superioridade anglo-saxônica, o conceito de pureza são absurdos e anti-históricos, e têm sido os responsáveis pelo impedimento de aceitarmos o mais valioso de nossa condição (*En busca del Nuevo Mundo*, 13).

Salta à vista que nos argumentos que enaltecem a mestiçagem está investido um sentido oposto ao que a mentalidade positivista atribuíra à heterogeneidade das sociedades latino-americanas: a degeneração negativa das teses racistas ganha o *status* de resultado original, de produto legítimo da conformação compósita de nossa sociedade. Assim, na expressão artística, a "anormalidade", e "deformação", antes condenadas pela infidelidade ao modelo, passam a ser consideradas como efeitos estéticos excelentes, propiciados pela incorporação aluvional de materiais artísticos. O luxo da composição que corrompe a compostura do discurso literário, a problematização das normas racionais dos modelos utilizados, a estilização e a hibridização das formas são procedimentos "perversos" e válidos que dão à nossa cultura a sua inflexão lúdica e paródica. Em ambos os modos de apropriação das formas estrangeiras, a séria ou a jocosa, vê-se o signo da abertura americana à recepção geradora, da sua vocação antropofágica, que converte o produto final, não em cópia, mas em simulacro destruidor da dignidade do modelo.

Se bem os significados acima apontados não correspondam rigorosamente à terminologia dos ensaios sobre a questão, das interpretações da cultura latino-americana como um "texto deformado" é dedutível a conotação eufórica no reconhecimento do efeito singular das misturas, paradoxos e sincretismos que a mestiçagem oferece. Certos traços dessa cultura, antes suspeitos como denotadores de colonialismo, de imitação subserviente, ou de apropriação anacrônica de idéias estrangeiras, ascendem à categoria de vantagens quando referidos ao cânone castiço das culturas homogêneas. Uslar Pietri, por exemplo, chega a comprovar

127

que a mistura de estilos na poesia e na ficção hispano-americanas lhe confere um "halo de intemporalidade" (*En busca...*, 18) – uma espécie de polifonia transcultural que condensa vozes de várias procedências. Lezama Lima recorre a uma metáfora para definir a arte barroca colonial – uma "grande lepra", como a do Aleijadinho, que alastrou no espaço americano a grandiosidade da rebelião mestiça ("La curiosidad barroca", 57). Para Carpentier, os acréscimos americanos à cultura hispano-greco-mediterrânea provêm de uma "perpétua germinação de práxis", que nos dá uma visão do mundo mais ampla que a dos intelectuais europeus. Valendo-se do termo transculturação do sociólogo Fernando Ortiz, diz o escritor cubano:

> El enfoque asiduo de culturas extranjeras, del presente o del pasado, lejos de significar un *subdesarrollo* intelectual, sea, por el contrario, una posibilidad de *universalización* para el escritor latinoamericano (...). Somos un producto de varias culturas, dominamos varias lenguas y respondemos a distintos procesos, legítimos, de transculturación[58].

Esse assentimento com a legitimidade da mestiçagem parece, à primeira vista, desconsiderar injustamente a histórica violação das culturas autóctones e o opróbio sofrido pelas mulheres índias, seduzidas e amancebadas pelo conquistador branco[59]. Mas contrariamente aos que admitem ter sido a índia uma vítima inerme aos ataques sexuais do branco, ou que as culturas autóctones foram soterradas, os defensores da mestiçagem tendem a aceitar, por um lado, a relatividade da injúria fundacional, e por outro, a ater-se à evidência de que se o legado indígena pôde, de algum modo, ser preservado, isto deveu-se precisamente à conciliação cultural favorecida pelo mestiço, sem a qual as formas culturais pré-hispânicas teriam se perdido irremediavelmente[60].

58. Carpentier, "Problemática...", 30.

59. Veja-se, por exemplo, Héctor Murena, *El pecado original de América*, Buenos Aires, Sur, 1958, que sugere, como revanche à violação fundacional da América, a solução do parricídio histórico-cultural.

60. Sobre o aspecto amoroso da mestiçagem, veja-se Alberto M. Salas, *Crónica florida del mestizaje de las Indias*, Buenos Aires, Losada, 1960. Com abundante documentação cronística, o A. demonstra que, superada a etapa inicial de "injúria etnográfica", em que a violação mais grave foi a dos costumes, a opção da índia pelo varão espanhol tornou-se uma constante, seja por razões sociais ou amorosas. Quanto ao papel do mestiço na preservação do legado indígena, a orientação (pós-indigenista) de J. M. Arguedas é um exemplo de distanciamento da idealização inócua de um passado desaparecido e de crédito ao rico contributo das formas pós-hispânicas à cultura do Peru (V. *Formación de una cultura nacional indoamericana*, México, Siglo XXI, 1975).

128

Além desta visão menos apaixonada do processo histórico, as concepções da América mestiça subentendem um critério mais aberto, não discriminatório da formação social latino-americana. Como revisão do critério disjuntivo dos ideologemas da latinidade, que omitia, entre outros, o legado indígena, e do indigenismo purista que renegava a herança européia, a concepção da mestiçagem se caracteriza pela não-disjunção dos componentes raciais e culturais que vieram integrando a sociedade latino-americana.

É também o ideologema da mestiçagem que informa a interpretação de Carpentier sobre a História e a cultura da América. Na sua versão ontológica, a unidade cultural "real maravilhoso americano", proposta no famoso prólogo a *El reino de este mundo* (vide aqui Cap. 2), inscrevia dois referentes, a natureza e a História, na ordem do prodigioso: o "maravilhoso natural" que remontava àquela imagem fundacional, forjada pelos cronistas do Novo Mundo, visava definir a extraordinariedade do espaço físico; o "maravilhoso histórico", aplicado inicialmente ao Haiti por seus insólitos sincretismos culturais, estendia-se a toda a história da América

por la presencia fáustica del indio y negro, por la Revelación que constituyó su reciente descubrimiento, por los fecundos mestizajes que propició, América está lejos aún de haber agotado su caudal de mitologías [12].

Se bem que as reflexões de Carpentier sobre a realidade americana já estejam naquele texto de 1948, visivelmente associadas à condição mestiça, é nos ensaios posteriores de *Tientos y diferencias* (1964) que melhor se pode apreciar a relação entre o maravilhoso americano e as simbioses de povos na América. No primeiro desses ensaios, o já citado "Problemática de la actual novela latinoamericana", Carpentier inspeciona as possíveis instâncias romanceáveis do real americano, apontando-lhes os elementos que identificam uma americanidade. Assim, quando recomenda aos escritores latino-americanos a utilização dos espaços urbanos, em vez das tradicionais selvas, pampas, montanhas, observa que:

Todas las ciudades tienen un estilo fijado para siempre. Las nuestras, en cambio, están, desde hace mucho tiempo, en proceso de simbiosis, de amalgamas, de trasmutaciones – tanto en lo arquitetónico como en lo humano (...). Nuestras ciudades *no tienen estilo*. Y sin embargo empezamos a descubrir ahora que tienen lo que podríamos llamar un *tercer estilo*: el estilo de las cosas que no tienen estilo [15].

A mesma idéia de combinatória de influências comparece na caracterização de alguns contextos latino-americanos, enumerados a partir da noção de Sartre: raciais – convivência de raças em diversos estádios culturais, num mesmo espaço geográfico; econômicos — a multiconfluência de interesses forâneos que desestabilizam amiúde as economias nacionais; ctônicos — a sobrevivência de crenças e práticas religiosas, de mitos e tradições orais de procedências variadas e remotas; culturais — a mescla da herança hispano-greco-mediterrânea com outras tradições, autóctones ou não, que dá um *status* universal à nossa cultura; culinários — a miscelânea de temperos nas comidas *criollas*. Na própria apologia que faz Carpentier do barroco fica estabelecida uma necessária correspondência entre o estilo da expressão artística e a qualificação de hibridismo para as coisas americanas, ainda não culturalizadas pela linguagem. Referindo-se aos objetos americanos não nomeados, diz:

> Pero la prosa que le da vida y consistencia, peso y medida, es una prosa barroca, como toda prosa que ciñe el detalle, lo menudea, lo colorea, lo destaca, para darle relieve y definirlo [36].

Em outro ensaio do mesmo livro, "La ciudad de las columnas", reforça os argumentos da relação barroco/mestiçagem, quando define a arquitetura de La Habana:

> Y como todo mestizaje, por proceso de simbiosis, de adición, de mezcla, engendra un barroquismo, el barroquismo cubano consistió en acumular, coleccionar, multiplicar, columnas y columnatas (...). Espíritu barroco, legitimamente antillano, mestizo de cuanto se transculturizó en estas islas del Mediterráneo americano, que se tradujo en un irreverente y descompasado rejuego de entablamentos clásicos (...) [73].

Conquanto o esboço dos ideologemas básicos do americanismo tenha fixado a atribuição eufórica como princípio organizador do sistema de interpretantes para o objeto América, algumas notações dispersas podem agora ser recolocadas, a fim de formalizar sinteticamente os traços mais relevantes de tal sistema. É certo que essa síntese esbarra imediatamente com a diversidade das circunstâncias sócio-históricas, das influências ideológicas, das motivações psicológicas, dos ideais e objetivos práticos que involucraram em cada época, a formação das unidades culturais e, sobretudo, com a variedade do seu grau de aproximação com a condição histórica objetiva do homem hispano-americano. Sem agredir a especificidade desses aspectos contextuais é possível, todavia, reconhecer na produção dos ideologemas alguns traços recorrentes que legitimam a própria noção de discurso americanista.

O primeiro deles é que cada série de unidades que repropõe

130

um ideologema americanista surge como sintoma de crise histórica, que tentamos circunscrever nos tópicos de nossa descrição. Assim, o ideologema da crônica, representado pelas unidades "maravilha" e "utopia plausível", vincula-se à comoção causada pelo alargamento do horizonte geográfico com a descoberta da América, como quarta parte do mundo, e à implantação do sistema colonial espanhol; o ideologema da Ilustração, que qualificamos como "neo-utopia", assinala a degeneração daquele sistema e a conspiração independentista; o ideologema pós-colonial, nas versões "América continente do futuro" (Bello) e "Magna Pátria" (Bolívar), refletem a luta pela emancipação política e pela consolidação dos movimentos de independência; o ideologema do positivismo, que principia com a unidade "América bárbara" (Sarmiento) e se fixa como "América enferma" do período finissecular, indicia o impacto causado pelas técnicas do progresso material e a ansiedade por emparelhar os hispano-americanos com os povos civilizados. Dois dos ideologemas contemporâneos — "América latina" (Rodó) e "América indígena" (Mariátegui) — associam-se, respectivamente, ao enfrentamento com a política neo colonialista (cujo paradigma são os Estados Unidos) e com a implantação do pensamento revolucionário de esquerda. Finalmente, o ideologema "América mestiça" remete, pelo menos no momento de seu assentamento como projeto cultural, ao segundo após-guerra, em face à rejeição do particularismo europeu e da hegemonia continental dos norte-americanos.

Os demais traços, referidos mas não redutíveis a tais momentos críticos, podem ser relevados da estrutura conceitual dos ideologemas discriminados: a postulação, se não da "outridade", de uma diferença desta América, com relação a outros espaços físicos e outros modelos culturais; reivindicação de um *status* universal como garantia de posicionamento no Ocidente; idealização supranacional (visão continental) não particularizadora das diferenças regionais; vontade de edificação da sociedade com bases democráticas; desejo de superar a marginalidade e a atribuição de inferioridade imposta pelas culturas centrais; remissão (como aproximação ou distanciamento) às raízes, tradições autóctones e valores nacionais; projeção compensatória das debilidades políticas, sociais, econômicas; parcialização (ou abstração) da complexa realidade social e natural, pela eleição de um aspecto isolado da totalidade; fenomenismo, ou seja, tendência a descrever de modo exclusivo o aspecto fenomênico da realidade, como se se tratasse da essência do real.

À margem da estrutura conceitual dos ideologemas, mas com reflexos pragmáticos neles, pode-se agregar que a linguagem agônica (eufórica ou não) do discurso americanista contém uma expectativa diante de um futuro, de um "algo que se aproxima". Este traço, situado no pólo do sujeito do discurso, é índice de uma condição existencial insatisfatória e precaria, de uma sensação de fragilidade e inconsistência diante de algo que ainda não é, mas que pode vir-a-ser. Nesta disposição prospectiva é que Mayz Valenilla reconheceu a têmpera fundamental do homem hispano-americano, ou seja, a que produz um sentimento de "não-ser-ainda", de privação e ausência, mas que paradoxalmente se converte numa forma definitória do ser hispano-americano. Deste modo, o discurso que eterniza uma expectativa, um não--ser-ainda, revela uma compreensão da existência como "não--ser-sempre-ainda". Segundo o pensador venezuelano,

nuestro *ser*, antes que un *no ser*, es plenamente *ser*, y por ser tal (*pero extasiado en el Advenir por obra de una fundamental expectativa*) constituye un siempre y reiterado *no-ser-siempre-todavía*, siendo, sin embargo, ya, en absoluta plenitud[61].

Com esta reflexão, se vê que a problemática abrangida pela produção dos ideologemas americanistas não se circunscreve estritamente aos condicionamentos sócio-político-econômicos, que o nosso esboço das crises históricas possa ter sugerido. Se é aceitável que uma situação política (o colonialismo) e uma condição econômica (a dependência) — para falar sumariamente de tais condicionamentos — atuam decisivamente no aparecimento dos ideologemas, a capacidade destes de constituir uma ontologia, se não do objeto América, mas do próprio sujeito enunciador, os levam a sobrepujar a notação de "falsa consciência". Sobra dizer que alguns dos traços de sua estrutura conceitual coincidem plenamente com as propriedades que Marx apontou no modo de pensar ideológico (*v. g.* a parcialização e o fenomenismo), enquanto falsificação e ilusão de uma classe social, a burguesa, ou de uma época a respeito de si mesmas[62]. Mas, se os ideologemas do americanismo falsificam o real, devido à sua incapacidade de absorver a travação inextricável do seu movimento com o das forças sociais, a sua falácia reside na sua mensagem, mais precisamente no seu conteúdo ontologizante (de erigir a América como Enteléquia). Em troca, o seu processo discursivo, a sua linguagem convencional, a sua retórica de cacoetes obsessivos, o

61. E. Mayz Valenilla, *El problema de América*, 3ª ed., Caracas, Universidad Central de Venezuela, 1969, 92 (1ª ed. 1959).
62. Vários exames do conceito de ideologia e de suas propriedades no pensamento marxista estão em *El concepto de ideología*, sel. e prólogo de Kurt Lenk, 5ª ed., Buenos Aires, Amorrortu, 1971.

132

seu exercício de expectativa ante o porvir, não se submetem à qualificação de falso ou verdadeiro que as bases materiais convocam. Não importa, em suma, que a América seja definida ontologicamente, mas trata-se de destituir as reflexões americanistas do seu substancialismo e devolvê-las ao seu lugar, o do processo de culturalização do referente.

Não se pretende aqui fechar a questão em torno à relação dos ideologemas com os condicionamentos históricos, atuantes no espaço cultural hispano-americano. Já com empregar a denominação ideologema, e não ideologia, quisemos justamente concentrar-nos no caráter discursivo, no fenômeno de *parole*, no ato de comunicação que o termo implica. Tendo-se em conta que, em acepção semiótica, uma cultura se define a partir de sua relação com a *parole*, conforme Lotman, fica suposto que a série dos ideologemas selecionados funcionam como legítimos constituintes da noção de "cultura hispano-americana"[63].

Nesse sentido, importa assinalar que na produção e reprodução dos ideologemas do americanismo concorre uma espécie de mecanismo supra-histórico, da ordem intertextual, perceptível na transmissão de significados (da informação) entre as unidades culturais. A própria persistência da interpretação eufórica da América — resíduo do utopismo fundacional do continente — já atesta esse regime de empréstimo do interior do sistema de interpretantes. Mas o exemplo que interessa agora — e para retomar a questão semântica do realismo maravilhoso — é o do ideologema da mestiçagem, em cujas unidades culturais se pode perceber o trânsito daquele significado básico apontado, a não disjunção. A idéia da cultura americana como espaço de junção do heterogêneo, de síntese anuladora das contradições, de fusão de raças e culturas díspares, vem investida na própria nomenclatura retórica eleita pelos seus formuladores: cultura sinfônica (Vasconcelos), Euríndia (Ricardo Rojas), cultura aluvional (Uslar Pietri), real maravilhoso americano (Carpentier), protoplasma incorporativo (Lezama Lima). Em todas, comparece a predicação de combinatória de elementos para a América, mas a que melhor se presta para denominar esse referente semiotizado e projetado na modalidade narrativa do realismo maravilhoso é, sem dúvida, real maravilhoso. Não que as reflexões de Carpentier sejam pri-

---

63. O princípio fundamental para definir a cultura é a informação não hereditária "que recueillent, conservent et transmettent les societes humaines" (I. Lotman, "Problèmes de la typologie des cultures", *Essays in Semiotics,* ed. J. Kristeva e J. Rey-Debove, The Hague/Paris, Mouton, 1971, 46.

vilegiadas em justeza ou correção, mas pela expressividade do oximóron que instala em seu significante o significado da não--disjunção e pela correlação terminológica permitida para falar-se de um tipo de narrativa dialógica, que nos anos cinqüenta nasce na América Hispânica. Justamente quando se fixa no discurso americano o ideologema da mestiçagem.

6. A FORMA DISCURSIVA DO REALISMO MARAVILHOSO

É uma inclinação unânime no dircurso crítico hispano-americano justapor dois critérios para avaliar o processo de renovação ficcional dos últimos quarenta anos. Um deles, da ordem temática, é o da *representatividade*, ou seja, a capacidade do romance de expressar um espaço cultural, uma sociedade, uma problemática histórica, com uma perspectiva não documental, mas integradora das várias faces do real. O outro é o da *experimentação*, entendida como a prática de técnicas narrativas audazes ou renovadoras com relação ao envelhecido instrumental do realismo-naturalismo. Voltado para a mensagem, o critério da representatividade visa localizar na ficção, ora o reflexo, ora a metaforização das transformações culturais da América Latina, no período contemporâneo. Vista assim, a ficção se converte numa "busca de autenticidade" (J. Franco), numa "visão transcendente da realidade" (F. Alegría), numa "exploração incisiva de seres e situações" (J. Loveluck), num "impulso integrador" que rechaça os dualismos realistas (J. Ortega), num "afã totalizante" da complexidade do real (C. Fuentes).

135

A concordância geral de que o novo romance é representativo de uma consciência da dimensão histórica do homem latino-americano — e que essa consciência rompe com, ou revisa os esquemas maniqueístas do realismo — se ratifica no inventário dos meios expressivos empenhados para obter tal representação. Com poucas, variações, os críticos apontam o seguinte rol de experiências técnicas mais freqüentes: com o regime temporal do relato (tempo regressivo, simultaneísmo, fragmentações da fábula, supressão dos nexos de consecução e conseqüência); com o tratamento do espaço da ação (multiplicação de planos, montagens e cortes ao modo cinematográfico); com a enunciação (fragmentação da pessoa narrativa, fluxo da consciência, diálogo com o leitor); com os personagens (negação da exemplaridade do herói); com o tom (ironia, humor, tom plurívoco); com a língua (invenção lexical e sintática, jogos de palavras, plurissemias); com a textualidade (intersecção com o ensaio, paródia, cruzamento e citação de textos). Dentro deste esquema, o projeto geral do novo romance se configura como um questionamento sistemático da forma romanesca e da atividade escritural, como crítica deliberada da tradição literária e dos seus meios expressivos que, em última instância visa a fundar uma linguagem totalizadora da experiência cultural específica dos latino-americanos[1].

Essas avaliações constituem um esforço sumamente legítimo para abranger de modo didático o complexo fenômeno do surgimento de uma ficção que nem sempre deixa a descoberto as suas conexões com a História, nem a filiação de sua linguagem aos modelos da literatura moderna. Descontando, porém, as dificuldades que sempre constrangem as visões panorâmicas de uma

---

1. As obras referidas nesse esboço são: J. Franco, *La cultura moderna en América Latina*, México, J. Mortiz, 1971, 228; F. Alegría, *Literatura y revolución*, México, Fondo de Cultura Económica, 1971, 9-30; J. Loveluck (ed.), *La novela hispanoamericana*, Santiago, Universitaria, 1972 (1ª ed. 1969), 11-31; J. Ortega, *La contemplación y la fiesta*, Caracas, Monte Ávila, 1969, 7-15; C. Fuentes, *La nueva novela hispanoamericana*, México, J. Mortiz, 1969, 9-22. Apesar de que se possa atribuir a Emir Rodríguez Monegal a responsabilidade da ordenação crítica das linhas básicas do novo romance (sobretudo a partir de sua atividade na direção de *Mundo Nuevo*, período 1965-67), em seus dois livros centrais sobre o tema não se oferece claramente a justaposição representatividade/ /experimentação, tão patente entre os demais críticos. Assim, o Autor, na Introdução do tomo I de *Narradores de esta América* (Montevidéu, Alfa, 1969), coloca a ênfase sobre o aspecto formal do novo romance e, citando McLuhan, considera que "o meio (a linguagem do novo romance) é a mensagem". Já no tomo II (Buenos Aires, Alfa, 1974) a introdução (originalmente um texto aparecido em *Life en español*, 15 de março de 1965) é privilegiada a representação do contexto histórico latino-americano.

136

produção em curso, e os acertos parciais, tais como a remissão ao cânone realista (apesar da omissão do fantástico), ou a notação válida do fator extratextual da transformação cultural da América Latina, algumas falhas de formulação podem servir-nos para recolocar a questão do realismo maravilhoso em termos de representação de uma cultura. O critério da representatividade, mesmo quando se escuda na referência a um objeto genérico representado (realidade transcendente, real complexo, realidade integrada, etc.) ou no modo não mimético da expressão, deixa pressuposto que o referente da ficção é o "real", ou seja, uma realidade não semiológica, passível de ser transposta para a narrativa, sem outra mediação (discursiva) anterior. Além de ser desviada a questão mais interessante — saber como a ficção faz-nos crer que ela representa o real — tal qualificação do representado provoca a curiosa contradição de sustentar uma verdade objetiva (que fica do lado de fora do texto) para uma ficção "irrealista", porque não reproduz, mas totaliza os níveis do real em espécie metafórica.

Esse modo de reverenciar o representativo em literatura, à força de querer salvar o compromisso dos escritores (mas sem admitir o realismo de sua empresa ficcional), torna insolúvel a própria questão referencial que lhe dá origem. Nem cede o crítico à proposição da análise sociológica, fundamentada na relação entre a forma romanesca e a estrutura do meio social em que ela se desenvolve[2], e nem admite a autonomia do literário, com que os "formalistas" exorcizam de vez qualquer noção do referente. As dificuldades geradas por essa vacilação convergem para o próprio método de formulação do esquema crítico mencionado, onde outra falha se torna flagrante. Trata-se da viciada separação fundo/forma, que consiste aqui em registrar os dispositivos ocorrentes na expressão, sem atender à relação profunda com a natureza cultural do objeto representado. Apesar de que certos críticos (Ortega, Alegría) advirtam que as técnicas narrativas estão a serviço da exploração totalizadora do real, o modo de exposição do problema não dissimula o isolamento conceitual das estruturas profundas e as de superfície do texto. Com efeito, de que modo se correlacionam a mensagem que totaliza o real e os meios expressivos? Se se quiser ir além da mera analogia substancial que a fragmentação do ponto de vista tem, por exemplo, com a concepção do real totalizado pelo fracionamento, é preciso extrair primeiro o significado do referente (a forma do

2. L. Goldman, *Pour une sociologie du roman*, Paris, Gallimard, 1964, 35.

137

conteúdo), para logo observar os seus possíveis modos de correlação com a forma da expressão.

O propósito do presente capítulo é ensaiar precisamente uma solução para a questão da representatividade específica do realismo maravilhoso, de modo a preparar o terreno para a discussão subseqüente da qualidade poética dessa modalidade discursiva, sugerida acima. Desde que estabelecemos os pressupostos translingüísticos para as relações semânticas da narrativa, a noção semiótica de referente textualizado pelo discurso americanista permitiu-nos recolocar a questão referencial, sem prejudicar o envolvimento do contexto cultural no texto narrativo mas sem, em contrapartida, tomá-la com perspectiva substancialista, que exige forçar a materialidade narrativa a constituir um *analogon* do real. Assim, o ideologema da mestiçagem — reduzido para efeitos operacionais à unidade cultural "real maravilhoso" — serviu para reintroduzir a noção de referente do realismo maravilhoso como um discurso articulado sobre o significado básico da não disjunção. Com este procedimento, o sistema extratextual, destituído de substância, posto que *já é forma*, não pode mais ser tomado como representável, mas somente como significável (ou até: re-significável). A conformidade do realismo maravilhoso com um real já escrito orienta agora à indagação do seu modo de construção semântica dos sistemas real e maravilhoso ao nível do enunciado, cujo estatuto lógico será examinado nos termos da correlação com o significado cultural da não disjunção.

O discurso realista maravilhoso, do qual são textos-ocorrência — e diferenciados, como se verá — *El siglo de las luces* e *Cien años de soledad*, pode ter a sua construção semântica observada a partir de sua relação com os discursos vizinhos conhecidos: realista, maravilhoso e fantástico. Os elementos básicos da diégese (ao nível do enunciado: acontecimentos e esferas de ação) se constroem sobre *isotopias*, ou efeitos de sentido, que asseguram a coesão do texto e tornam, portanto, possível a leitura uniforme do relato[3]. São a combinação ou a exclusividade das isotopias que permitem definir as modalidades de discurso mencionadas.

---

3. O "efeito de sentido" da isotopia é obtido pela interação de uma unidade lingüística. Este conceito, conquanto permita vasto emprego na análise de texto, é, na semântica estrutural restrito às variações e às permanências das categorias classemáticas (ou semas contextuais). Esta definição proposta por Greimas na *Sémantique structurale* [69-101], para

138

Assim, o discurso realista instaura e mantém a isotopia "natural", o maravilhoso e "sobrenatural" e o fantástico combina ambas. Os termos natural e sobrenatural podem ainda ser tomados aqui na acepção pragmática, de percepção do leitor virtual, já discutida no Cap. 4: de acordo ou em desacordo, respectivamente, com as noções científicas e com as opiniões históricas correntes que o leitor tem das leis naturais (espaço, tempo, causalidade).

Os três tipos de discurso mencionados não cobrem a complexidade da produção literária e se impõe a necessidade de buscar os tipos intermediários que atualizam combinações diversas das isotopias propostas. Assim procedeu Alexandrescu, em extensa e rigorosa análise do conto "La nuit" de Maupassant, no qual pôde identificar o "discurso estranho" — espécie de anti-relato que produz e destrói sistematicamente as isotopias. Baseando-se na estrutura elementar da significação de Greimas, Alexandrescu observa que o fantástico é um discurso complexo, cuja construção semântica consiste em acrescer a uma significação S uma significação segunda (não S); o discurso estranho, diversamente, oscila entre o fantástico, o realista e o maravilhoso, destruindo as significações pela criação de uma significação neutra (nem S, nem não S)[4]. No esquema que reproduzimos mostra-se a distribuição das quatro modalidades comparadas por Alexandrescu, dentro da tipologia geral dos discursos literários narrativos, articulada sobre as isotopias natural/sobrenatural:

natural	sobrenatural	complexo	neutro
		(natural-sobre-natural)	(nem natural nem sobre-natural)
realista	maravilhoso	fantástico	estranho

a análise de lexemas e de enunciados breves, é adaptada para mensagens mais complexas em "Élements pour una théorie de l'interpretation du récit mythique", do mesmo Autor, como um "ensemble redondant de catégories sémantiques qui rend possible la lecture uniforme du récit, telle qu'elle résulte des lectures partielles des énoncés et de la résolution de leurs ambiguités qui est guidée par la recherche de la lecture unique" (*Communications*, nº 8, 1966, 30, incluído posteriormente em *Du sens. Essais sémiotiques*, Paris, Du Seuil, 1970, 188).

4. S. Alexandrescu, "Le discours étrange", Vários, *Sémiotique narrative et textuelle*, Paris, Larousse, 1973, 55-95. A reflexão deste semiólogo reformula a conhecida classificação de T. Todorov, na já citada *Introduction à la littérature fantastique*, fixando a estrutura semântica do discurso

Se prescindirmos, por enquanto, de qualquer discussão sobre a validade dos traços relevados para o discurso estranho, e aproveitarmos estritamente as conclusões de Alexandrescu sobre as relações entre os tipos de discurso, é possível encontrar nesse esquema o lugar do discurso realista maravilhoso. Ainda que ausente ali, a vizinhança dos outros discursos pressupõe a sua localização lógica na tipologia. A operação consiste em buscar o modo de reunir o natural e o sobrenatural numa relação não disjuntiva das isotopias e que resulte tanto na oposição com as modalidades realista e maravilhosa, quanto na diferença com a fantástica e a estranha. Para tanto é preciso retomar a estrutura elementar da significação para sondar a possibilidade de uma construção semântica específica em que o maravilhoso é predicado de realidade e esta o é de maravilhoso. Se recordarmos que já na sua denominação o realismo maravilhoso expressa um oximóron e que nas definições anteriores falávamos de combinação não antitética dos componentes da diégese, a teorização subseqüente evidencia o seu entroncamento com as relações pragmáticas estudadas.

A estrutura elementar da significação pode ser definida através de duas fórmulas simples. A primeira estabelece a relação semântica entre dois termos-objeto A e B: A/r (S/B) — onde S é o conteúdo ou eixo semântico e r a relação; a segunda estabelece a relação sêmica $A(s_1)$ r $B(s_2)$ — onde s_1 e s_2 são os semas, ou elementos diferenciais da significação[5]. A segunda fórmula que atende à simples relação entre os semas contrários é a mais flexível e pode ser ampliada para abrir novas possibilidades de relação. Em outro estudo, "Les jeux des contraintes sémiotiques", em colaboração com Rastier, Greimas explora mais a fundo a relação sêmica, integrando nela os semas contraditórios, que o seu esquema inicial supunha, mas não formalizava[6].

---

estranho, que para este teórico, praticamente se dissolvia no campo geral da narrativa. Advertimos que a designação "maravilhoso" que empregamos é a nossa tradução para o termo "miraculeux", preferido por Alexandrescu.

5. A. J. Greimas, *Sémantique structurale*, 18-29. Exemplo da relação semântica: moça/r(sexo)/rapaz; exemplo da relação sêmica: moça (feminilidade)/r/rapaz (masculinidade).

6. A reflexão de Greimas parte da teoria glossemática de Hjelmslev, que redefiniu o signo saussuriano como uma unidade de forma (forma da expressão e forma do conteúdo, sinais sonoros e conceitos) que se abre em duas direções, respectivamente: a substância da expressão e a substância do conteúdo, campo fônico e campo semântico (cf. *Prolegomènes à une théorie du langage*, Paris, Minuit, 1971, Cap. 13). Segundo Greimas, são três as etapas do percurso da significação para a construção dos objetos culturais (literários, míticos, picturais, etc.): estruturas pro-

140

A constituição do novo modelo refere-se à primeira etapa do percurso da significação, a das estruturas profundas ("manière d'être fondamentale d'un individu ou d'une société") que inclui, em termos de Hjelmslev, tanto a substância quanto a forma de conteúdo. Assim, o eixo semântico S (substância do conteúdo) se opõe a $\bar{S}$ (ausência de sentido e contradição do termo S). Ao nível sêmico (forma do conteúdo) S articula-se em dois semas contrários:

que por sua vez, apontam para outros dois semas, os contraditórios[7]:

$$\bar{s}_1 \leftarrow - - - - - - - - - - - - \rightarrow \bar{s}_2$$

Os semas contrários e os semas contraditórios são as articulações sêmicas do eixo semântico S e, reunidos pelas relações estruturais de disjunção e conjunção[8], podem ser figurados assim:

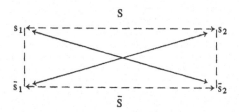

fundas, de superfície e de manifestação, que marcam, respectivamente: 1) a condição de existência dos objetos semióticos; 2) a gramática que organiza em formas discursivas os conteúdos suscetíveis à manifestação e 3) significantes da língua (cf. "Les jeux des contraintes sémiotiques", *Du sens...*, 135-6).

7. Na Lógica, a relação de oposição entre proposições contrárias é a que se dá entre as proposições A e E; entre as proposições contraditórias é a que se dá entre A e O e entre E e I:
A — "Todos os homens são mortais"
O — "Alguns homens não são mortais"
E — "Nenhum homem é mortal"
I — "Alguns homens são mortais"
As proposições contrárias *não podem* ser ao mesmo tempo verdadeiras mas *podem* ser ao mesmo tempo falsas; as proposições contraditórias *não podem* ser ao mesmo tempo verdadeiras, *nem podem* ser ao mesmo tempo falsas (cf. J. Ferrater Mora, *Diccionario de Filosofía*, Buenos Aires, Sudamericana, tomo I, 5ª ed., 1965).

8. Para os conceitos de conjunção e disjunção, ver Greimas, *Sémantique structurale*, 19-20.

onde:

- ← — — — — — → : relação entre contrários
- ←——————→ : relação entre contraditórios
- — — — — — — — : relação de implicação

Se pensamos este modelo para constituir uma tipologia dos discursos literários narrativos, do ponto de vista das relações semânticas do signo, a forma do conteúdo pode ser designada pela isotopia natural/sobrenatural, que se investe nos termos sêmicos simples s_1 (natural) e s_2 (sobrenatural). Aplicada nossa reflexão ao modelo supra, resulta:

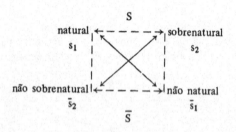

Se estabelecemos agora as relações categóricas de 1) contrariedade e 2) contradição[9] entre os termos sêmicos, temos:
1) entre s_1 e s_2: natural e sobrenatural

entre $\bar{s}_1$ e $\bar{s}_2$: não natural e não sobrenatural

2) entre s_1 e $\bar{s}_1$: natural e não natural

entre s_2 e $\bar{s}_2$: sobrenatural e não sobrenatural

Se combinamos agora os termos sêmicos em dois eixos e dois esquemas, logo se vê que os eixos se constituem por relações de contrariedade e os esquemas por relações de contradição:

---

9. Renunciamos aqui ao tratamento das relações de implicação, pois estas orientações dos semas não interferem diretamente na diferenciação do realismo maravilhoso dos outros tipos de discurso relevados. Mas não fica descartada a possibilidade de tais relações constituírem subespécies das literaturas realista e maravilhosa, respectivamente s_1 - - - $\bar{s}_2$ e s_2 - - - $\bar{s}_1$. A sinonímia é um fenômeno de sentido e não tem contrapartida na materialidade linguística — fato que a literatura explora muitíssimo para gerar conotações.

$$\text{dois eixos}\begin{cases}\text{eixo do complexo: } s_1 + s_2 \text{ (natural + sobrenatural)}\\[2em]\text{eixo do neutro: } \bar{s}_1 + \bar{s}_2 \text{ (não natural + não sobrenatural)}\end{cases}$$

$$\text{dois esquemas}\begin{cases}\text{esquema 1: } s_1 + \bar{s}_1 \text{ (natural + não natural)}\\[2em]\text{esquema 2: } s_2 + \bar{s}_2 \text{ (sobrenatural + não sobrenatural)}\end{cases}$$

Agrupadas as estruturas sêmicas propostas, e sempre com base na isotopia natural/sobrenatural, uma classificação dos discursos narrativos se configura:

realista	maravilhoso	fantástico	estranho	realista maravilhoso
natural	sobrenatural	natural + sobrenatural	nem natural + nem sobrenatural	natural + não natural sobrenatural + não sobrenatural

Como a significação pressupõe a relação entre os termos, as formas discursivas podem ter as suas estruturas semânticas interpretadas através dos conceitos de disjunção e de conjunção. Assim, os discursos realista e maravilhoso se definem pela disjunção dos termos contrários (s_1/s_2), sendo característica do primeiro reter a isotopia natural (s_1) e do segundo a isotopia sobrenatural (s_2). O discurso fantástico se define pela conjunção dos termos contrários positivos ($s_1 + s_2$) e o discurso estranho pela conjunção dos termos contrários negativos ($\bar{s}_1 + \bar{s}_2$). E, finalmente, o *discurso realista maravilhoso se define pela não disjunção dos termos contraditórios* ($s_1 + \bar{s}_1$ e $s_2 + \bar{s}_2$). Sua estrutura semântica é, portanto, articulada segundo os esquemas 1 e 2 dos termos sêmicos simples. O gráfico-síntese abaixo estabelece os níveis de discurso, segundo as relações estruturais propostas:

RELAÇÕES ESTRUTURAIS	ARTICULAÇÕES SÊMICAS	DIMENSÕES COMBINATÓRIAS	TIPOS DE DISCURSO
disjunção	$s_1/s_2 \ldots s_1$	–	realista
	$s_1/s_2 \ldots s_2$	–	maravilhoso
conjunção	$s_1 + s_2$	eixo complexo	fantástico
	$\bar{s}_1 + \bar{s}_2$	eixo neutro	estranho
não disjunção	$s_1 + \bar{s}_1$	esquema 1	realista
	$s_2 + \bar{s}_2$	esquema 2	maravilhoso

É possível ainda incluir neste gráfico outro tipo de discurso, que fosse definido pelo correlato negativo da conjunção – a não conjunção dos contrários e dos contraditórios (s_1, s_2, $\bar{s}_1$, $\bar{s}_2$). Esse tipo pode corresponder ao que Alexandrescu denomina "discurso absurdo", caracterizável pela não coerência das unidades de sentido, através do desregramento sistemático do sintagma narrativo. Como o discurso estranho, o absurdo seria também um "anti-relato" que destrói as isotopias, mas aquele é coerente porque mantém a compatibilidade entre as unidades de sentido do eixo sintagmático que remetem sempre ao mesmo significado neutro, enquanto o absurdo seria uma sucessão de significantes/significados não ligados [cf. 93]:

$$\frac{s_1, s_2 \ldots s_n}{\text{nem S nem não S}} \quad \text{vs.} \quad \frac{s_1}{S_1} \frac{s_2}{S_2} \ldots \frac{s_n}{S_n}$$

A caracterização do realismo maravilhoso como discurso oposto (pela relação estrutural) aos discursos realista e maravilhoso parece à primeira vista perder-se nas articulações sêmicas relevadas, que para evidenciarem tal oposição deveriam apenas conter a não disjunção dos contrários ($s_1 + s_2$ e $\bar{s}_1 + \bar{s}_2$). Uma formulação deste tipo serviria apenas para explicitar aquela oposição, e teria a desvantagem de não diferenciar a articulação sêmica do realismo maravilhoso com o fantástico e o estranho.

Contudo, a opção por definir o realismo maravilhoso pela combinação dos termos contraditórios visou acolher no seu bojo uma contrariedade inicial, se lembramos que os termos contraditórios contêm as relações de implicação com os termos contrários ($\bar{s}_2$ ------ s_1 e $\bar{s}_1$ ------ s_2). Com a formulação adotada preserva-se, ainda, a oposição entre o discurso realista maravilhoso e os discursos realista e maravilhoso, além de marcar-se a vizinhança formal daquele discurso com o fantástico e o estranho. Finalmente, os dois esquemas da não disjunção servem para caracterizar o realismo maravilhoso como um discurso manifestável em duas modalidades: uma que afirma e nega simultaneamente o código realista ($s_1 + \bar{s}_1$) e a outra o código maravilhoso ($s_2 + \bar{s}_2$). A primazia dada ao tipo de relação (a não disjunção) mostra que as duas espécies discursivas diferenciadas subsumem-se a uma mesma estrutura de combinatória dos contraditórios. A existência de duas modalidades de realismo maravilhoso não quer dizer, obviamente, que um texto narrativo deva manifestar apenas uma delas e excluir a outra. O jogo dos níveis de combinatórias é possível, não só em segmentos diferentes da diégese, mas até no interior de um único. De resto, a pertinência de identificar uma só estrutura para os dois esquemas pode ser constatada pela homologação das contradições, que correlaciona os termos sêmicos em pares:

$$\frac{s_1}{\bar{s}_1} \simeq \frac{s_2}{\bar{s}_2}$$

A validade das articulações sêmicas propostas para os outros tipos de discurso deve evidentemente ser testada nas análises particulares de textos narrativos concretos, em cujas estruturas de manifestação se possam observar as relações básicas das isotopias. Não sendo eles o objeto de estudo deste trabalho, algumas investigações já realizadas na área podem servir, por ora, de suporte analítico da teoria proposta.

A definição do realismo como discurso disjuntivo, que afirma a isotopia natural pode ser a síntese teórica, ao nível semântico, dos enfoques pragmáticos de Hamon sobre esse tipo de discurso (sobretudo em "Un discours contraint", vide aqui a nota 2 do Cap. 1). Para este semiólogo, o discurso realista apresenta certos traços típicos (hipertrofia da redundância e dos procedimentos anafóricos e fáticos, autoridade da enunciação) que visam garantir a coesão e a não ambigüidade da informação veiculada (legibilidade da mensagem). Essa escritura transparente, cuja ideologia se quer reveladora do *ser* real do mundo, monopoliza o discurso para transmitir um saber "ontológico": busca a monossemia dos termos e unidades do relato, evita os personagens e situações ambíguos, os procedimentos deceptivos da intriga. "Dans le programme réaliste — assinala o Autor — le monde est descriptible, accessible a la dénomination. Par là il s'oppose au monde du discours fantastique (l'innomable, l'indescriptible, le monstre...)" [cf. 441]. Diante de um real complexo e abundante, o escritor realista gosta de marcar as descontinuidades, as diferenças, as frações para oferecer uma *ordem* desse real [442]. Daí que, em termos lógicos — acrescenta Hamon — "on peut poser que le texte réaliste évitera les pôles neutres (ni...ni) ou complexes (et...et)" [438], porque estes introduzem o jogo dos contraditórios e dos contrários, que problematizam a ordem natural.

Enquanto a diégese realista vem marcada pelas normas constringentes ditadas por sua aliança com as leis empíricas e históricas do sistema referencial do leitor, o outro discurso disjuntivo, o maravilhoso, elabora os seus efeitos de sentido sobre a isotopia sobrenatural. Alguns traços da representação não tética do maravilhoso (na qual os acontecimentos e a predicação dos personagens são regidos pelas leis meta-empíricas) já foram discutidos aqui (em 4.1). Algumas argumentações sobre o "afastamento do real" no conto popular, e nas formas mais elaboradas, podem, contudo, reorientar aquelas notações pragmáticas para a construção semântica disjuntiva do maravilhoso. Para Todorov, no "maravilhoso puro" os elementos sobrenaturais não provocam nenhuma reação particular, nem para os personagens nem para o leitor implícito, mas o que caracteriza, de fato, esse tipo de discurso (*vis-à-vis* o fantástico) é a própria natureza do acontecimento[10]. Isto quer dizer que a ocorrência de fatos sobrenaturais não articulados aos *realia* caracteriza o modo essencialmente disjuntivo no agenciamento dos elementos diegéticos do maravilhoso (a abóbora mágica que se converte em carruagem, para a Gata Borralheira, nada tem a ver com o objeto real "abóbora" que conhecemos). A mera supressão de todo vínculo com as nossas imagens do real conleva a oposição natural/sobrenatural (a co-presença destas isotopias engendraria, desde logo, a sua mútua problematização). No universo das fadas, ogros, bruxas, talismãs e sortilégios a existência de "outras leis" envolve o distanciamento da realidade empírica. Propp anotou a escassa pre-

10. T. Todorov, *Introduction a la littérature fantastique*, 59.

146

sença do real histórico no conto maravilhoso russo, e ainda assim, nas suas formas secundárias, derivadas daquelas formas primárias mais arcaicas que só evocam, nos seus motivos recorrentes, as representações religiosas.

> Sans aucun doute, le conte a généralement sa source dans la vie. Mais le conte merveilleux, lui, reflète très peu la vie courante[11].

André Jolles também chegou a conclusões similares sobre as disjuntivas elaboradas pelo conto maravilhoso da tradição ocidental, quando opôs a ética do acontecimento ou "moral ingênua" (absoluta) do conto à imoralidade do universo real:

> le conte s'oppose radicalement a l'événement réel tel qu'on observe habituellement dans l'univers. Il est très rare que le cours des choses réponde aux éxigences de la morale naïve, il est très rare qu'il soit 'juste'; le conte s'oppose donc à un univers de la "réalité"[12].

A definição do fantástico como discurso complexo, de conjunção das isotopias, corrobora integralmente, ao nível semântico, as definições já dadas para caracterizar as suas relações pragmáticas (vide 4.1): o temor do não-sentido surge da impossibilidade de conciliar os contrários, atestada na conjunção das isotopias. As probabilidades antinômicas de explicação do evento insólito combinam-se no discurso para gerar uma relação metafórica entre a dúvida intelectual (sobre a hierarquização das ordens da natureza e da sobrenatureza) e a inquietação física (o medo).

Como o fantástico, o discurso estranho deixa o vazio do não-sentido para o leitor, mas enquanto aquele afirma simultaneamente ambas isotopias, este se constrói pela negação delas (não natural + não sobrenatural). Ou ainda: no fantástico, ambas as isotopias são possíveis (verossímeis) no universo do discurso, enquanto no estranho ambas são impossíveis. A fórmula de Alexandrescu — nem natural, nem sobrenatural, que marca a

---

11. V. Propp, "Les transformations du conte merveilleux" (1ª ed. 1928), *Morphologie du conte*, 176. A mesma questão é abordada com mais profundidade pelo Autor em *Las raíces históricas del cuento* (1ª ed. 1946), Madri, Fundamentos, 1974.

12. A. Jolles, *Formes simples*, 190. O distanciamento do real sócio-histórico no maravilhoso não quer dizer que algum setor da realidade não possa comparecer nele de forma simbólica. Conforme sugere Jolles, trata-se da simbolização dos conflitos e tensões do inconsciente, num sentido antropológico: "(...) il est indéniable qu'ils (os contos) nous apportent une certaine satisfaction. (...) surtout parce que les choses se passent dans ces récits comme nous voudrions qu'elles se passent dans l'univers, comme elles *devraient* s'y passer." (p. 189).

neutralização das isotopias — corrobora a conjunção dos termos contrários negativos para esse tipo de (falso) relato, no qual não podemos sequer identificar qual é o enigma:

on reste, justement, *en deçà* d'une énigme non formulée (l'explication se trouvé au delà) *parce que* non traduite dans un récit bien ordonné" [cf. *op. cit*,, 91].

A posição do realismo maravilhoso na tipologia considerada vem marcada pela oposição com os discursos disjuntivos e pela diferenciação com os conjuntivos. Com estes o realismo maravilhoso compartilha o impulso inicial de problematizar um certo sistema estável de valores: como no fantástico e no estranho, os elementos diegéticos do realismo maravilhoso não se acomodam à hierarquia convencional que estabelece leis distintas para a natureza e sobrenatureza. Mas enquanto a conjunção dos contrários conflitua/neutraliza as isotopias para avançar em direção da negação do Sentido, a não disjunção dos contraditórios afirma um Sentido. Todavia, comparado aos discursos disjuntivos (que também afirmam um Sentido) a legibilidade de sua mensagem coloca-se na contradição com o "ser" real do mundo e com a moral ingênua. A narração tética (do realismo) e a não tética (do maravilhoso) associam-se, não já para codificar a mensagem transparente dos verossímeis exclusivos, mas para erigir Outro Sentido, inteligível no contato dialógico entre as *naturalia* e as *mirabilia*.

Analisando *El siglo de las luces* (1963) de Alejo Carpentier, pode-se constatar sem dificuldades a busca intencional de "desnaturalizar" os eventos, personagens e objetos da diégese, que são legíveis inicialmente no plano empírico. Nesse romance, narra-se a implantação da Revolução Francesa no Caribe com estrita sujeição ao nosso horizonte de expectativa para a ficcionalização da História: nomes, lugares, fatos, quando não correspondem rigorosamente aos verídicos, ajustam-se plenamente às convenções romanescas. Mas, à medida que a práxis histórica do mediterrâneo americano revela o deterioramento do modelo teórico da Revolução, aqueles constituintes históricos/realistas vão atenuando suas feições particulares para ingressar na categoria de Mito Universal. Frustradas as diretrizes democráticas, na corrupção dos líderes, os princípios de igualdade na falsa libertação dos escravos negros, os da fraternidade na repressão indiscriminada e a seriedade dos ideais, na cômica conversão da guilhotina em objeto de espetáculo itinerante, o racionalismo originário cede lugar à contradição do Outro Sentido. Dentro de sua retórica de tornar legível o sentido mítico da Revolução, o discurso enquadra a conversão do temporal em atemporal (ou transtemporal) numa cena-tipo do cânone narrativo do realismo (o personagem debruçado contemplando a paisagem e refletindo sobre os fatos):

Y pensaba, acodado en la borda del *Amazon*, frente a la costa quebrada y boscosa que en nada había cambiado desde que la contemplara el Gran Almirante de Isabel y Fernando, en la persistencia del mito de la Tierra de Promisión. Según el color de los siglos, cambiaba el mito de carácter, respondiendo a siempre renovadas apetencias, pero era siempre el mismo: había, debía haber, era necesario que hubiese en el tiempo presente – cualquier tiempo presente – un Mundo Mejor. Los Caribes habían imaginado ese Mundo Mejor a su manera, como lo había imaginado a su vez, en estas bullentes Bocas del Dragón, alumbrado, iluminado por el sabor del agua venida de lo remoto, el Gran Almirante de Isabel y Fernando. Habían soñado los portugueses con el reino admirable del Preste Juan, como soñarían con el Valle de Jauja, un día, los niños de la llanura castellana (...). Y a Mundo Mejor había marchado Esteban, no hacía tanto tiempo, encandilado por la gran Columna de Fuego que parecía alzarse en el Oriente[13].

A passagem da significação para a sua contra-significação resulta num Mito historizado ou na História mitificada e esta coalescência dos contraditórios tem no efeito de citação (o saber erudito que garante a verdade da asserção) um recurso-chave para naturalizar o prodígio. No mesmo romance abundam os segmentos narrativos que atualizam a primeira modalidade de combinação das isotopias ($s_1 + \bar{s}_1$), sendo os mais notórios, aqueles em que a natureza dos trópicos aparece sistematicamente metamorfoseada em entidade supra-real: as mangas voluptuosas em feixes de serpentes [194-5]; as chuvas torrenciais em vasta sinfonia [195-6]; a esbeltez catedralícia dos caracóis em criações góticas [209] – o motivo da "natureza arquitetônica" é, aliás, obsessivo na ficção carpenteriana; as caprichosas formas geológicas das ilhas do Caribe em santuários [233]; as Bocas del Dragón em anúncio do Paraíso Terrestre, justificando as alucinadas suposições de Colombo quando provou a doçura das águas do Orinoco [294-6].

A segunda modalidade de articulação sêmica do realismo maravilhoso que provê a combinatória sobrenatural/não sobrenatural ($s_2 + \bar{s}_2$) consiste em investir a isotopia contraditória em eventos, seres e objetos da diégese, imediatamente legíveis no plano meta-empírico. Ainda uma vez, o discurso requer a representação prévia dos *realia*, que impede confundir essa modalidade com o maravilhoso puro: se neste o maravilhoso é natural, conforme Jolles (porque prescinde da narração tética),

---

13. A. Carpentier, *El siglo de las luces*, Buenos Aires, Galerna, 1967, 296-7.

naquela o *maravilhoso é naturalizado*. Esse processo, o da "naturalização do sobrenatural" usa, como na primeira modalidade examinada, a intencionalidade do discurso para operar o trânsito de uma isotopia para outra e evitar que o Outro Sentido seja a resultante mecânica de uma leitura simbólica. O tom assertivo da narração é uma das marcas mais notórias dessa intencionalidade de tornar legíveis as *mirabilia* como *naturalia*: o discurso evita habilmente os termos modalizadores do insólito (verbos, locuções, adjetivos e advérbios, como: pode ser, uma espécie de, parecia, por assim dizer, dir-se-ia, um certo, acreditava-se, etc.), as ênfases (palavras em itálico ou entre aspas) e quaisquer outros gestos de escritura que possam chamar a atenção para o excepcional. Essa destonalização da mensagem é muito parecida àquela usada no discurso realista para persuadir o leitor da objetividade da informação [cf. Hamon, *op. cit.*, 434], mas ao contrário da forte previsibilidade dos conteúdos realistas (o leitor *sabe* que a lógica do sistema referencial sempre vai manter-se) o maravilhoso naturalizado jamais mecaniza suas formas de introdução. Mesmo em romances como *Cien años de soledad*, em que a fábula acolhe toda sorte de eventos sobrenaturais, cada um deles preserva o seu efeito de encantamento, graças ao jogo dos procedimentos da narração tética e da não-tética. Para citar um só exemplo, a levitação do Padre Nicanor Reyna acontece dentro dos limites de um sintagma narrativo-tipo da representação realista, que contém basicamente: a passagem da descrição para a narração, do imperfeito para o perfeito, da causa para a conseqüência. Assim, o enquadramento do episódio milagroso oferece as circunstâncias do aparecimento do personagem ("El padre Nicanor Reyna — a quien don Apolinar Moscote había llevado de la ciénaga para que oficiara la boda...")[14]; a sua conformação física e espiritual ("... era un anciano endurecido por la ingratitud de su ministerio. Tenía la piel triste, casi en los puros huesos..." etc.); seu projeto imediato ("Levaba el propósito de regresar a su parroquia después de la boda..."). A este enunciado descritivo de abertura, no imperfeito, sucede o enunciado narrativo de transição, já no perfeito, no qual se introduz a motivação de sua permanência em Macondo:

> ... pero se espantó con la aridez de los habitantes de Macondo, que prosperaban en el escándalo, sujetos a la ley natural, sin bautizar a los hijos ni santificar las fiestas (...) decidió quedarse una semana más para cristia-

14. O episódio citado faz parte da seqüência maior do sempre postergado casamento entre Rebeca e Pietro Crespi. (*Cien años de soledad*, 76-7).

150

nizar a los circuncisos y gentiles, legalizar concubinatos y sacramentar moribundos (...). Le contestaban que durante muchos años habían estado sin cura, arreglando los negocios del alma directamente con Dios, y habían perdido la malicia del pecado mortal. Cansado de predicar en el desierto, el padre Nicanor se dispuso a emprender la construcción de un templo.

A mesma relação de causa-conseqüência entre o enunciado descritivo de abertura e o narrativo de transição (transformação virtual ----→ transformação realizada) repete-se entre este último e o enunciado narrativo nuclear, que atualiza a virtualidade aberta com a motivação da permanência do padre em Macondo (disposição de construir um templo). Insatisfeito com a coleta de esmolas, o Padre Nicanor convoca o povo para a missa campal e:

> Al final, cuando todos los asistentes empezaron a desbandarse, levantó los brazos en señal de atención.
> – Un momento – dijo –. Ahora vamos a presenciar una prueba irrebatible del infinito poder de Dios.
> El muchacho que había ayudado a misa le llevó una taza de chocolate espeso y humeante que él se tomó sin respirar. Luego se limpió los labios con un pañuelo que sacó de la manga, extendió los brazos y cerró los ojos. Entoces el padre Nicanor se elevó doce centímetros sobre el nivel del suelo. Fue un recurso convincente. Anduvo varios días por entre las casas, repitiendo la prueba de la levitación mediante el estímulo del chocolate, mientras el monaguillo recogía tanto dinero en un talego, que en menos de un mes emprendió la construcción del templo [77].

O modo como estão articulados os enunciados descritivos, o de transição e o nuclear mostra o posicionamento do sobrenatural neste último como um prolongamento natural das motivações contidas nos enunciados anteriores. Nenhuma fissura entre os enunciados tético e o não-tético – as isotopias se acoplam sem que se abra qualquer brecha no sintagma. Por isto, a falsidade do nexo causal estabelecido entre o desejo de construir o templo e a levitação não entra em causa. A destonalização do evento pela ausência de modalizadores e a inscrição do maravilhoso num paradigma lexical realista, que o neutraliza com os dados circunstanciais conotadores de trivialidade (a xícara de chocolate, os gestos do padre, o detalhe dos doze centímetros), são os demais procedimentos básicos que provêm aqui a naturalização do miraculoso. Este processo é o resultado da construção da narrativa – é um efeito de sentido – mais notável ainda se observarmos que a lógica do sistema escritural se mantém, mesmo quando a lógica do sistema referencial foi subvertida. Nenhuma notação de explicação natural possível (por exemplo: um truque do padre, uma alucinação coletiva), nem de perplexidade entre os assistentes (na seqüência do fragmento transcrito, todos concor-

151

darão tratar-se de manifestação do poder divino)[15]. Nem se pode dizer que o evento seja previsível à leitura: o microcontexto que enquadra o não-tético na representação tética impede a mecanização de qualquer expectativa de irrupção do insólito. O engate dos sistemas empírico e meta-empírico, criado por uma falsa causalidade justifica-se, a rigor, pela instância causal superior, difusa (a causalidade "mágica" de que falávamos em 4.1), dada pela qualificação do próprio espaço de ocorrência dos eventos. Macondo, enquanto entidade histórica e mítica, atuará como fator de legibilidade da anulação das contradições. A esse eixo gerador do Outro Sentido referem-se todos os elementos diegéticos que acolhem a não disjunção das isotopias.

Por outro lado, não é casual que, nos dois textos aqui citados como exemplos do discurso não disjuntivo, os espaços onde transcorre a ação romanesca sejam metaforizações do território americano, nos seus aspectos natural e cultural. O Caribe de Carpentier ou o Macondo de García Márquez, no que pesem as particularizações regionais ou as do tempo representado, transcendem largamente os seus limites geográficos e históricos para funcionarem como sínteses significantes da totalidade de um universo cultural. Não é preciso apelar a uma leitura em filigrana para descobrir que o Caribe de *El siglo de las luces* evoca, intencionalmente, o ponto de partida da História da América Latina, o lugar do primeiro encontro de Colombo com os nativos, o eixo da expansão colonizadora espanhola pelo Novo Mundo, o centro irradiador da problemática política, racial, antropológica que a Conquista da América significou na História do Ocidente. Igualmente Macondo é a aldeia cuja história condensa as transformações básicas das sociedades latino-americanas: a fundação pelos conquistadores chegados do exterior e a fixação de uma comunidade arcádico-patriarcal pelo trabalho agrícola; a chegada dos imigrantes e do comércio, das instituições eclesiástica, jurídica e policial e a introdução da tecnologia; a instalação da Companhia Bananeira norte-americana (estágio da dependência

---

15. Por razões de economia não transcrevemos todo o episódio, que incluirá outra interpretação — dita em latim por José Arcadio Buendía: "homo iste statum quartum materiae invenit". Contudo, esta explicação racional de um louco-lúcido cria uma falsa oposição com a explicação espiritual (poder divino). Sendo o quarto estado da matéria um impossível na ciência, a "explicação" conserva a qualificação "maravilhosa" do poder divino, sem o que o evento recairia na categoria do fantástico (com duas probabilidades antinômicas de explicação). Uma análise brilhante do mesmo fragmento fez J. Ludmer, embora sem ter assinalado a identidade intrínseca das explicações (cf. *Cien años de soledad: una interpretación*, 111-19).

152

econômica) e a efêmera prosperidade e modernização do estilo de vida; as greves e a violenta repressão do exército; e, finalmente, após o Dilúvio e o desastre econômico com a remoção dos exploradores imperialistas, a decadência e a ruína total. Mas nem sequer é preciso que o leitor atravesse os cem anos de solidão (e de maldição) da estirpe dos Buendía, para reconhecer a intenção de resgatar as origens (como em Carpentier) e obter uma visão abrangente da América Latina. Já na abertura do romance a já aludida fundação de Macondo conleva o mesmo problema semiológico que enfrentou o conquistador do Novo Mundo – o da insuficiência do seu código lingüístico para nomear (possuir) a nova realidade:

El mundo era tan reciente, que muchas cosas carecían de nombre, y para mencionarlas había que señalarlas con el dedo [9].

Marcas similares deste tipo de figuração poderiam ser apontadas na criação de territórios americanos como a Comala de *Pedro Páramo*, os *pueblos* guatemaltecos de *Hombres de maíz*, as remotas aldeias selváticas de *Los pasos perdidos* e *La casa verde*, a Santa María de *La vida breve*, o manicômio de *El obsceno pájaro de la noche*, a Oguaguasú de "El trueno entre las hojas", a Abancay de *Los ríos profundos*, etc. A propósito da modelização espacial do texto literário, Iuri Lotman observa que

les modèles historiques et nationalolinguistiques de l'espace deviennent la base organisatrice de la construction d'une "image du monde" – d'un modèle idéologique entier, propre à un type donné de culture[16].

Se convertemos essa reflexão para os termos de nossa tese, veremos que a significância das obras citadas está menos na fácil identificação do continental no espaço particular que no investimento semântico de um ideologema americanista no enunciado narrativo.

Sendo que o traço semântico do ideologema da mestiçagem é a não disjunção dos componentes culturais da América Latina – enquanto recorte da combinatória etno-social gerada pelo sistema de colonização e, em especial, enquanto modo de assimilação de modelos contraditórios de cultura – *a combinação não disjuntiva das isotopias vem a ser o modo de correlação do texto com o contexto*. As duas modalidades de articulação sêmica evidenciam a relação sêmantica que o discurso realista maravilhoso estabelece

16. I. Lotman, *La structure du texte artistique*, Paris, Gallimard, 1973, 311.

153

com o seu referente extratextual..Elas são, em suma, a modelização – ou, mais precisamente, a re-modelização, na forma do conteúdo da narrativa, daquele significado que o universo das idéias americanistas elabora sobre o seu espaço cultural.

A correlação ideologema/diégese mostra que a função poética do realismo maravilhoso só pode ser entendida pela intersecção do seu estatuto sincrônico (das articulações sêmicas) na diacronia do discurso americanista. Como diz Lotman

... l'oeuvre artistique prise en elle-même sans contexte culturel déterminé, sans système déterminé de codes culturels, est semblable à une épitaphe dans une langue incompréhensible [392].

Convém, no entanto, repisar que se a forma poética do realismo maravilhoso reproduz o significado básico da não disjunção que caracteriza o ideologema da mestiçagem, isto não implica que a sua ideologia deva submeter-se aos critérios da mesma escala axiológica, com que se nos faculta apreciar aquele código de cultura, no curso do seu acontecer histórico e com respeito às interações sociais. Será que isto quer dizer que o realismo maravilhoso está isento dos erros e contradições que a estrutura conceitual do ideologema em questão atesta, quando examinado à luz da complexa realidade da América Latina? Certamente que não, mas sempre que tal paralelo se faça entre conteúdos, isolando-os da forma poética. Porque se esta, que é uma remodelização de uma dada formação ideológica, for colocada sob o crivo das polaridades de valor (falso/verdadeiro, bom/ /mau, justo/injusto, etc.), incorreríamos em nivelar indevidamente dois modos distintos de modelização do real – a narrativa (do discurso realista maravilhoso) e a ensaística (do discurso americanista). Seria o mesmo que julgar o realismo maravilhoso das ficções de Carpentier com os critérios (válidos) com que julgamos o seu real maravilhoso americano, dos ensaios, prólogos e conferências.

O "caso" Carpentier é, por outro lado, bastante ilustrativo dessa necessidade de manter diferenciados os níveis de produção literária quando se pretende construir uma teoria crítica para a literatura hispano-americana, que não abdique, em favor de um tratamento imanente asséptico, das tensões, constrições e expectativas com que as formas discursivas ideológicas ordenam os conteúdos do real. Nesse sentido, a questão mais séria a enfrentar é como colocar-se o analista diante do percurso da significação do objeto cultural "literatura": sem desprezar a materialidade lingüístico-expressiva das estruturas de manifestação (da produção e organização dos significantes) e, simultaneamente, sem perder de vista as estruturas profundas (o modo fundamental de ser

154

de um indivíduo ou de uma sociedade), que definem as condições de existência do próprio objeto cultural. Não nos compete traçar aqui as diretrizes para uma teoria crítica abrangente da literatura hispano-americana, que exigiria relacionar cada tipo de discurso com o seu referente ideológico específico, tendo em conta sempre os condicionamentos e dilemas que a situação colonial (e suas versões neocoloniais) têm oferecido à produção dos nossos objetos culturais.

Mas, no terreno em que colocamos a discussão do problema (e até onde pudemos chegar) foi possível observar a correlação que o "modo de ser latino-americano" – extraído do repertório americanista e, logo, um *modo de dizer-se* na História – mantém na forma discursiva do realismo maravilhoso. Esse modo de dizer-se não tem sido outra coisa senão um enfrentamento com a contradição original que afeta o nosso ser histórico.

> Los proyectos del americano – diz Leopoldo Zea – parecen encontrarse en oposición con la realidad de que es fruto: su historia, su pasado, la cultura, que, quiéralo o no, ha ido formando. Esta actitud, aunque desajustada, ha dado origen a una serie de hechos, a una realidad que forma lo que podríamos llamar, con todo derecho, cultura americana, independientemente de la valoración que quieren dar a la misma propios y extraños[17].

O nosso "desajustamento" – pode-se agregar – tem sido o de constituirmos, com respeito ao modelo do colonizador –, uma falsa cópia, um simulacro, aquilo que é e não é, que afirma e nega o modelo.

O discurso realista maravilhoso, articulado sobre a negação do princípio da contradição, enuncia poeticamente esse impossível lógico e ontológico. Ao dizer-se "é possível que uma coisa seja e não seja" (ou pode ser s_1 e $\bar{s}_1$ ou pode ser s_2 e $\bar{s}_2$) estamos diante de algo mais que um objeto verbal. Sendo uma distorção da lógica habitual, a ideologia do realismo maravilhoso persegue a reviravolta da concepção racional-positivista da constituição do real e coincide com o que Lotman chama de "estética da oposição"[18]. Nesse sentido, aquela fórmula de Mayz Valenilla, que

17. Leopoldo Zea, *América como conciencia*, México, UNAM, 1972, 64.

18. J. Lotman considera que na "estética da identificação" o conhecimento artístico está ligado a uma simplificação, ou seja, o código de modelização do real é conhecido *a priori* pelo leitor; já na "estética da oposição", destrói-se o sistema habitual do leitor (mas não o princípio de *sistemidade*), para uma complexificação dos modelos do real. (cf. *La structure du texte artistique*, 400-1).

155

definia a condição existencial do homem hispano-americano como "un no-ser-siempre-todavía" (ver aqui 5.6), pode repropor-se agora como um *não poder ser que é*, que afirma uma identidade, sem renunciar ao paradoxo fundamental, mas que suprime a notação da futuridade da fórmula anterior. Negando a disjunção dos termos contraditórios, o discurso realista maravilhoso reflete esse modo de ser/dizer-se e, como este, instala o Outro Sentido no centro da sua linguagem.

7. A POÉTICA DA HOMOLOGIA

> Es para mí el primer asombro de la poesía,
> que sumergida en el mundo prelógico, no sea
> nunca ilógica.
>
> (Lezama Lima)

7.1. *A homologia das relações textuais*

Recapitulemos brevemente os traços discursivos do realismo maravilhoso, relevados nas teorizações e análises precedentes. Considerado dentro do esquema da comunicação narrativa — enquanto conjunto dinâmico que inter-relaciona o emissor, o signo, o receptor e o referente extralingüístico — esse tipo de discurso da ficção hispano-americana caracteriza-se, ao nível das relações pragmáticas (emissor → signo → receptor): 1) pela produção de um *efeito de encantamento* que visa estabelecer uma relação metonímica entre as lógicas empírica e meta-empírica do sistema referencial do leitor; 2) pela *enunciação problematizada*, através da função metadiegética da voz, engendrando o diálogo entre o narrador e o narratário. Ao nível das relações semânticas (signo ↔ referente extralingüístico) o realismo maravilhoso caracteriza-se: 3) pela remissão a um referente-discurso — o "real maravilhoso" — unidade cultural integrada a um sistema de ideologemas do americanismo, cujo significado básico é a não disjunção; 4) pela re-modelização desse significado na sua forma discursiva, através da articulação sêmica, não contraditória, das isotopias natural e sobrenatural; e 5) pela manifestação da combinatória sêmica em duas modalidades: a desnaturalização do real e a naturalização do maravilhoso.

Um conjunto de procedimentos recorrentes (obviamente não exclusivos do realismo maravilhoso) foram identificados ao longo das análises particulares e a partir da confrontação com outros tipos de discurso: a) narração tética (representação dos *realia*) como suporte da narração não tética (representação dos *mirabilia*); b) destonalização/asserção da mensagem para suspender a dúvida sobre o evento insólito, nos relatos de naturalização do maravilhoso; c) retórica barroquista (vocabulário técnico, comparações, referências eruditas, citações) que distorcem os significantes para dizer o "indizível", nos relatos de desnaturalização do real; d) causalidade interna, descontínua e meta-empírica (freqüentemente da ordem mitológica) que rege a não antinomia da diégese; e) marcas de auto-referencialidade da enunciação, seja pela inserção de uma "poética da narrativa", seja pela explicitação de uma "crise da enunciação" ou ainda pela multiplicação dos pontos de vista e das vozes.

Este inventário de procedimentos não preenche, certamente, nem as condições de exaustividade, nem de simplicidade para delimitar o funcionamento de um tipo de discurso. Os critérios derivam de um *corpus* limitado de textos narrativos hispano-americanos e são, talvez, insuficientes ou inaplicáveis quando se abra o leque para outros textos. Tal é o caso, por exemplo, da supressão/alteração dos nexos lógicos do relato (referida anteriormente e não incluída na lista), fundamental para a construção da diégese em *Pedro Páramo* ou "Viaje a la semilla" mas irrelevante para *Cien años de soledad* ou *El siglo de las luces*. Além do mais, a análise de qualquer procedimento narrativo num fragmento isolado implica desconsiderar o contexto geral da obra — único lugar onde se pode comprovar a sua plena funcionalidade. Em todo caso, e considerando que seria utópico encontrar um texto-modelo, uma ocorrência exemplar, na qual se atualizassem todas as marcas de uma teoria *construída* — essas indicações devem ser tomadas como amostragem de validade restrita, e a lista aberta a outros modos de preenchimento dos traços básicos inicialmente propostos.

158

O que nos parece relevante, contudo, é que na descrição destes traços é possível comprovar que um mesmo significado, da não disjunção, se reproduz tanto no nível das relações pragmáticas como no das semânticas. Assim, tanto o efeito de encantamento (percepção metonímica do natural/sobrenatural), como a enunciação problematizada (diálogo narrador/narratário), como o referente-discurso do real maravilhoso (concepção não disjuntiva dos componentes culturais), como o signo narrativo (articulação sêmica não disjuntiva), mostram que *no realismo maravilhoso as relações entre os pólos da comunicação narrativa estão fortemente marcados pela não contradição dos opostos.* O desdobramento desse significado mostra ainda que o modelo teórico do realismo maravilhoso vem a ser um todo estruturado pela homologia dos planos textuais e que, portanto, o seu projeto de produzir o Outro Sentido na linguagem só se efetiva a partir da absorção, no seu estatuto diegético, da própria não contradição que modeliza a história e a sociedade em que se inscreve como forma literária.

A dedução de que há um circuito de homologação de um significado no interior da linguagem do realismo maravilhoso supõe, de imediato, um critério para avaliar a poeticidade desse tipo de discurso. Mas em si mesma esta espécie de homologia aqui descrita é insuficiente para a sua análise como objeto poético. A circulação do significado entre os pólos da comunicação narrativa nos serviu para caracterizar a forma discursiva do realismo maravilhoso em termos teóricos de relação contextual. Mas ela pode deixar supor também, pela sua lógica simplificação — e porque todas as direções relacionais convergem para o referente — que os efeitos da não contradição possam ser produzidos automaticamente no discurso, bastando elementares dispositivos narrativos de correlacionar o textual e o extratextual. Seria primário confundir o poético com o transplante do significado básico do referente para a estrutura discursiva ou fazer coincidir o poético com a mera relação semântica. Para isto, bastaria que numa ficção se narrasse a aparição de um fantasma dotado de qualidades humanas (naturalizado em nossos termos), para que o maravilhoso estivesse predicado de realidade ou vice-versa. O exemplo é grosseiro, mas serve para ilustrar que a não disjunção dos elementos contraditórios, substrato mínimo da forma discursiva (um esquema, um eixo semântico) só se atualiza pela instauração de um processo verossímil de desnaturalizar o natural ou de naturalizar o sobrenatural. Esse processo verossímil (que será discutido mais adiante) aloja a própria condição poética do realismo maravilhoso, porque instala no âmbito do signo narrativo (entre significante e significado) uma homologia específica que

159

reproduz aquela que já viemos assinalando. A interpretação da teoria semiótica que segue é uma tentativa de circunscrever, no difícil território da discussão do que é o poético (sempre atravessado por conotações sócio-culturais), as condições de elaboração artística de uma narrativa que diz a história de um continente, enquanto se diz a si mesma como literatura.

7.2. A homologia formal na narrativa

A homologia significante/significado pode ser tomada como fator de qualificação poética do texto e ser entendida, genericamente, como uma motivação entre os dois aspectos do signo, conforme propôs Saussure para definir as associações não arbitrárias entre o significante e o significado[1]. Com a introdução de um outro ponto de vista e outra terminologia com respeito ao signo, foi possível precisar o conceito de homologia na linguagem poética. A reformulação da teoria saussuriana por Hjelmslev contribuiu decisivamente nesse sentido, a partir da sua conhecida quadripartição do signo (substância e forma da expressão, substância e forma do conteúdo). A função semiótica vem a ser redefinida como uma unidade de forma, constituída pela solidariedade e pressuposição entre a forma da expressão (sinais sonoros) e a forma do conteúdo (conceitos), as quais se abrem para as suas respectivas substâncias[2].

Une expression n'est expression que parce qu'elle est l'expression d'un contenu, et un contenu n'est contenu que parce qu'il est contenu d'une expression [67].

Tanto a substância da expressão (campo fônico) como a substância do conteúdo (campo semântico) não têm existência independente e são uma espécie de *continuum* amorfo, só determinável pela organização formal:

... c'est en vertu de la forme du contenu et de la forme de l'expression, et seulement en vertu d'elles, qu'existent la substance du contenu et la substance de l'expression... [75-6].

1. A homologia necessária entre o significante e o significado na mensagem poética já fora intuída por Valéry, quando falava de "equivalência entre fundo e forma" no poema. Dámaso Alonso também se valeu desse princípio em suas análises estilísticas, afirmando: "El punto de unión del significante y el significado es donde se concentra el misterio de la forma poética. Cada vez que se produce ese mágico engranaje, se revive, se vivifica el momento auroral de la creación poética." (*Poesía española*, Madri, Gredos, 1957, 121).

2. L. Hjelmslev, *Prolegomènes a une théorie du langage*, 77.

A distinção e interação da expressão e do conteúdo na função semiótica têm permitido ampla aplicação na análise de outros sistemas de signos que não o da língua, conforme comprovam os *Essais de sémiotique poétique*. Neste volume coletivo, a hipótese de um isomorfismo entre os planos da expressão e do conteúdo, permite definir a especificidade do discurso poético pela "co-ocorrência, no plano da manifestação, de dois discursos paralelos, um fonêmico e outro semântico"[3]. Muitas sugestões das teorias desse volume (pensadas para a análise do poema) de ensaios podem ser aproveitadas para estabelecer os planos de homologia na narrativa, mas uma reciclagem inicial se faz necessária, quando se trata de incorporar a materialidade específica do signo narrativo. Uma proposta útil nesse sentido é a apresentada na *Rhétorique générale*, que se vale da hoje clássica bipartição discurso/relato, para reinterpretar a teoria hjelmsleviana[4]. Assim, uma relação entre o discurso (o "contante") e o relato (o "contado") pode definir a estrutura do signo narrativo, que vem destacada no gráfico:

	substância	forma	
expressão	romance, filme, quadrinhos, etc.	o discurso narrativo	o signo narrativo
conteúdo	universo real ou imaginado, histórias reais ou fictícias	o relato propriamente dito	

3. A. J. Greimas, "Pour une théorie du discours poétique", Vários, *Essais de sémiotique poétique*, Paris, Larousse, 1972, 14-5). Tanto quanto sabemos, foi Greimas quem primeiro sistematizou a teoria da correlação dos planos no texto poético. Isto não quer dizer que outros não a tenham postulado, como Samuel Levin com os seus "sistemas de acoplamentos" que unificam forma e conteúdo no poema (cf. *Linguistic structures in poetry*, The Hague, Mouton, 1962; trad. brasileira *Estruturas lingüísticas em poesia*, São Paulo, Cultrix, 1975, sobretudo o Cap. 3). As teses greimasianas sobre o isomorfismo poético derivam de três ensaios anteriores ao já citado: "La linguistique structurale et la poétique" (1967); "Les jeux des contraintes sémiotiques" (1968); "Élements d'une grammaire narrative" (1969) – todos incluídos em *Du sens. Essais sémiotiques*.

4. A diferenciação dos dois níveis da narrativa é hoje aceita pelos analistas, desde pelo menos a sua fixação teórica no conhecido compêndio sobre a análise estrutural do relato (*Communications*, nº 8, 1966). Discurso e relato são as designações mais freqüentes, exceto para Genette, que opta por relato e história em suas análise de *Figures III* (cf. 71-2).

Quanto à interpretação da teoria hjelmsleviana da *Rhétorique*

161

Se o poético depende de uma relação homológica, no plano formal, a interpretação dessa proposta permite, integrando todas as nossas teorizações precedentes, definir o estatuto poético do realismo maravilhoso pela presença de um mesmo tipo de relação, tanto ao nível do discurso quanto do relato:

	substância	forma	
expressão	romance, filme, conto, etc.	discurso não disjuntivo	signo narrativo RM
conteúdo	referente real maravilhoso	relato não disjuntivo	

A substância da expressão é constituída pelas modalidades narrativas virtuais, dotadas de invariantes da ordem lógica e cronológica (as funções, a acepção de Propp) e outras regras e constrições que regem o universo da narração. Na substância do conteúdo encontramos o lugar preciso do real maravilhoso, o referente semiotizado pela cultura, que recorta o sistema de ideologemas do americanismo, para delinear o universo semântico específico do realismo maravilhoso. A forma do conteúdo vem a ser o relato construído (a trama, o *sjuzhet* dos formalistas), com o seu regime funcional e actorial, o preenchimento das motivações e atributos. A forma da expressão se constitui da organização dos significantes narrativos, que dá a inflexão retórica-estilística particular (idioletal) ao texto, no manejo da temporalidade do relato (ordem, duração, freqüência dos fatos), da causalidade, dos modos da narração (tipos de registro) articulações sintáticas das motivações e atributos, representação do espaço, etc.[5]. Através destas etapas, se delineia o trajeto da codificação

générale (Paris, Larousse, 1970, 171-2), só nos interessou o sugestivo esquema reproduzido aqui, já que nos reservamos as definições apresentadas dos elementos que preenchem os planos do texto narrativo. O interesse dos colaboradores da *Rhétorique* se concentra no exame das figuras retóricas de cada plano, sem que haja, contudo, uma definição consistente dos componentes de cada um. A substância do conteúdo, especialmente — tão relevante para o estatuto poético do realismo maravilhoso — é ali definida com um genérico "universo real ou imaginário" e "histórias reais ou fictícias" que não dão conta da significância desse formante substancial.

5. As análises de Genette sobre o "discours du récit" de *À la recherche du tems perdu*, em *Figures III*, podem ser consideradas como estudo exemplar da forma da expressão, como a entendemos aqui.

162

do realismo maravilhoso, partindo das virtualidades expressivas (que supõem o "possível" narrativo da articulação não disjuntiva na diégese), passando pela unidade temática, selecionada no repertório sócio-cultural, alcança o estágio da formalização em relato, para expressar-se ultimamente numa *parole* que atualiza, segundo a subjetividade criadora do narrador, as potencialidades contidas em cada fase do percurso. A rigor, é o trajeto da descodificação (em sentido inverso ao descrito), que permite construir o da codificação, posto que tanto as regras do sistema narrativo, quanto o universo semântico (plano das substâncias) só são determináveis a partir da materialidade formal oferecida pelo texto.

A solidariedade e pressuposição entre a expressão e o conteúdo que Hjelmslev aponta para toda função semiótica pode ser interpretada, pois, no signo poético narrativo do realismo maravilhoso, como uma relação homológica entre o discurso e o relato. Abertos às suas respectivas grandezas substanciais, ambos apresentam um mesmo tipo de relação na não disjunção dos termos contraditórios. Deste modo, o texto realista maravilhoso é um discurso duplo, articulado pelo isomorfismo poético da expressão e conteúdo e que oferece à análise as suas unidades do nível "contante" e do nível "contado".

Um comentário adicional: poder-se-ia objetar que a interpretação da teoria de Hjelmslev subverte a conceituação original de uma "zona amorfa", correspondente às substâncias, já que as definimos como modalidades narrativas e referente semiotizado. A rigor, a substância da expressão só poderia constituir-se pelos elementos que dão o suporte expressivo à forma, ou sejam, imagens, sons, gestos, etc. Mas, como é possível indicar as diferentes modalidades narrativas derivadas de cada suporte ou da combinatória deles (filme, quadrinhos, conto, pantomima, etc.) a passagem para um certo grau de formalização parece legítima. Algo similar ocorre com o vasto universo semântico da substância do conteúdo, identificado no "conceito do real". Desde logo, as designações adotadas implicam um primeiro passo em busca da organização formal e não constituem um absoluto estado amorfo, um "grau zero" da significação. Mas o procedimento se justifica na medida em que se considera a adaptação do modelo hjelmsleviano à teoria do realismo maravilhoso e à necessidade operacional, portanto, de indicar-lhe as substâncias específicas. A tendência nos estudos semióticos pós-hjelmslevianos é, precisamente, considerar a substância do conteúdo não como realidade extralingüística (psíquica ou física), mas como uma "manifestação lingüística do conteúdo, situada num outro nível, diferente do da forma"[6]. Esta posição, que já reconhece como significante o plano das substâncias, atende melhor as exigências da análise do texto, posto que flexibiliza a qualificação dos planos do signo: o que é reconhecido como substância num tipo de texto, poderá ser analisado como forma noutro. Tal é o caso, por exemplo, do nosso "real maravilhoso", examinado como uma forma do conteúdo ao nível do ensaio americanista, mas que deslocamos para a substância do conteúdo quando entra em questão a forma narrativa do realismo maravilhoso. Um procedimento similar adotou C. Metz na aplicação do modelo hjelmsleviano ao cinema. Apontando como substância do conteúdo do filme os assuntos ou temas (de amor, políticos, históricos) — que implicam uma organização formal-rudimentar do conteúdo — assim justificou o seu ponto de vista:

... a distinção da forma e da substância, assim como todas as noções de certa profundidade, tem a característica de ser ao mesmo tempo relativa e absoluta: relativa à *diversidade* dos casos a que se aplica, absoluta em *cada* um deles, portanto, de alguma forma, ela também absoluta[7].

7.3. *Em busca do verossímil*

Um problema que não se pode deixar de considerar na análise de qualquer forma narrativa é o da verossimilhança. Não se trata de trazer de volta a avaliação da verdade ou falsidade do enunciado narrativo com respeito à realidade extralingüística, posto que este critério só é admissível para os discursos científicos e normativos. O critério da verossimilhança, diversamente, tem a ver com a significação, e a "verdade" de um discurso narrativo só se propõe na medida da sua construção, independentemente da vinculação a qualquer referente "real". Essas asserções passam por triviais no âmbito da moderna crítica literária, que para poder resgatar o verossímil do seu purgatório conceitual, teve que reativar a questão em termos de forma e não de substância[8]. Aqui mesmo já tivemos ocasião de insistir na distinção entre o real psíquico ou físico dos seus processos de culturalização e na impossibilidade de os signos reproduzirem um contexto não semiológico. Ao menos por preocupação de coerência, é preciso

6. Greimas, *Sémantique structurale*, 26.

7. C. Metz, *A significação no cinema*, São Paulo, Perspectiva, 1972, 233-4.

8. Citem-se os trabalhos de Genette, Barthes e Kristeva para o número especial de *Communications* (nº 11, 1968), que investigam o verossímil com enfoque semiológico.

enfrentar, contudo, o problema do verossímil na narrativa, mas não desistindo do critério da conformidade da significação à realidade para ceder ao da "conformidade às palavras"[9]. A óptica do funcional e imanente pode reconduzir a uma mitificação do real quando o analista (e o leitor) se defronta com um tipo de narrativa marcada pela intenção de produzir um efeito de encantamento a partir de um "efeito de real", que reduz a zero as motivações explícitas de sua diégese, que remove o sistema de valores racionais para instalar o impossível lógico e ontológico da não contradição.

Com efeito, em que condições podemos aceitar a "verdade" do Outro Sentido nesses relatos em que os fantasmas falam uns com os outros, não em remotas regiões do imaginário, mas num povoado mexicano que padece as misérias do latifundismo, como na Comala de *Pedro Páramo?* Por que assentimos com a "ánima" de Solano Rojas tocando acordeão para os trabalhadores de uma usina de açúcar no Paraguai, como na abertura do conto "El trueno entre las hojas", de Roa Bastos? Como nos convence a selva carpentieriana de *Los pasos perdidos* que condensa todas as eras históricas, sem arredar da realidade do espaço natural da Amazônia? O que nos leva a assentir com os enunciados destonalizados de *Cien años de soledad*, como aquele que diz ter o Coronel Aureliano Buendía participado de 32 guerras civis e tê-las perdido todas? Essas interrogações ingênuas já superam o bloqueio da "não conformidade da significação com o real" (não se questiona se o Outro Sentido é ou não verdadeiro no realismo maravilhoso) e situam a questão do verossímil no quadro de uma *situação de performance* narrativa (como o realismo maravilhoso nos faz crer no Outro Sentido?). Se os conteúdos mencionados acima não se tornam irrisórios — o que faria o texto deslizar para a categoria do paródico — nem ludicamnete falsos — como na deliberada fabricação de hipóteses impossíveis do fantástico — é porque a sua seriedade (e autoridade) para deslocar um sistema estável de referências radicam num pacto de assentimento entre o narrador e o narratário. E este pacto, que orienta a situação performativa do discurso realista maravilhoso, não se define pelo nível dos enunciados produzidos (dos significantes, vale dizer, no plano das formas), mas no plano das substâncias. Em outras palavras, é preciso que o narrador e o

9. O alerta vem de M. Riffaterre: "Abandonnons le critère de conformité de la signification à la réalité, remplaçons-le par le critère de conformité aux mots." ("Sémantique du poème", *Cahiers de l'Association Internationale des études françaises*, Paris, Les Belles Lettres, nº 23, maio 1971, 133).

165

narratário compartilhem os modelos da substância da expressão e do conteúdo, para que se produza o efeito de verossímil no texto. As modalidades narrativas virtuais (as leis do relato) e o real maravilhoso americano são, respectivamente, os códigos lógico e ideológico, comuns ao emissor e ao receptor, que asseguram a legibilidade da mensagem.

A referência ao código lógico, para que se produza o efeito de verossímil do texto, passa sem comentários: como substância universal, trans-histórica e transcultural, sua inteligibilidade é obrigatória para organizar (perceber) a mensagem. Mesmo em textos do realismo maravilhoso que amiúde subvertem as regras de consecução e conseqüência do relato, o modelo continua inteligível, posto que – conforme explica Lotman – a criação fora das regras é impossível, e mesmo quando o autor introduz novidades formais, elas só destroem o *sistema habitual* e não o *princípio de sistemidade* do texto[10]. Já a indicação do código ideológico como substância do conteúdo – por tratar-se de elemento cultural específico de uma sociedade – pode sugerir que a legibilidade do realismo maravilhoso é relativizada: são "verdadeiros" os seus enunciados para tal ou qual área etnogeográfica ou histórica. Assim, a compostura do Outro Sentido só se preservaria na medida em que o repertório de referências do leitor incluísse vivências ou informações da América (por exemplo, um texto de Asturias seria legível para os familiarizados com a cosmogonia maia, outro de Rulfo para os que dominam a problemática agrária mexicana, ou ainda, Carpentier o seria para os iniciados na história e cultura do Caribe, etc.). Esta suposição não se sustenta, porém, à simples constatação da amplitude da difusão e consumo do novo romance hispano-americano (o que se convencionou chamar de *boom*, nos anos sessenta). Tampouco é admissível uma tal limitação nos termos teóricos em que situamos a discussão, porque se a substância do conteúdo é um real semiotizado, o processo de modelização do referente América não se restringe a uma consciência hispano-americana, mas se desenvolve no seio da cultura ocidental. Sendo que no código ideológico "substancial" do realismo maravilhoso já se absorveram as imagens que as culturas colonizadoras forjaram sobre a América ao longo dos séculos, o verossímil do texto é assegurado por referências implícitas e explícitas dentro de um sistema de valores institucionalizados e compartilhados tanto pelos colonizadores quanto pelos colonizados. O mecanismo de programação estética do realismo maravilhoso envolve, como se vê, um sério problema

10. J. Lotman, *La structure du texte artistique*, 401.

166

de natureza sociológica, cuja complexidade nos contentamos aqui em insinuar: se o efeito de verossímil no realismo maravilhoso depende de o emissor e o receptor compartilharem um mesmo código ideológico, isto parece significar que os ideologemas do americanismo já não são o produto de uma elite de pensadores, mas consumo da própria sociedade que os motivou e de outras que estimulam (de fora) a sua produção.

Por outro lado, sendo evidente que a situação performativa do discurso não se esgota no plano das substâncias (no pré--texto) mas se consuma no texto, a instauração do Outro Sentido requer uma retórica persuasiva (um processo de "verossimilização"). Deste modo, a passagem do código ideológico substancial para o plano da forma do conteúdo não consiste numa transposição mecânica da ideologia para a ficção, mas numa transcrição criadora de sentido homólogo. Com o novo enfoque aqui dado ao verossímil na narrativa — fazendo-o recuar para a significância do plano das substâncias — podemos aprofundar a conceituação do poético dada em 7.1. A relação homóloga entre a forma da expressão e a forma do conteúdo vem a ser um modo de tornar verossímil o real maravilhoso pelos recursos formais que no texto se dispõem para articular não disjuntivamente os códigos realista e maravilhoso. Sendo o real maravilhoso um discurso semelhante ao real, no fazer poético do texto ele é verossimilizado por uma relação simbólica de semelhança de segundo grau. Ou como diz J. Kristeva, o discurso verossímil é "um discurso semelhante ao discurso semelhante ao real"[11]. A consideração dessa semelhança permite entender que a "verdade" do texto provém de um efeito interdiscursivo (um querer dizer verossímil), que para nós envolve a própria homologação dos planos das substâncias e das formas. A associação que fazemos entre o verossímil e o poético no realismo maravilhoso requer alguns esclarecimentos no terreno da semiologia.

No estágio atual das investigações sobre a verossimilhança a teorização que se ocupa de aproximar o querer-dizer do efeito interdiscursivo com a qualidade poética do texto é a de Julia Kristeva, no já citado "A produtividade chamada texto". Neste trabalho, o propósito de deslocar o conceito tradicional de verossímil para o exame da produtividade textual contemporânea (a escritura, o trabalho produtor dos signos) converge para a especulação sobre a ambivalência da linguagem poética[12]. Reconhe-

11. J. Kristeva, "A produtividade chamada texto", *Introdução à semanálise*, São Paulo, Perspectiva, 1974, 128.

12. A relação entre o verossímil e o poético — com que recolocamos agora a questão do referente do realismo maravilhoso em termos de

cendo na exigência do querer-dizer verossímil uma cumplicidade da ciência literária com o consumo (na medida em que impõe uma conformidade com um objeto real ou gramatical e assimila a produção semiótica a um enunciado – Kristeva aponta a contradição e a ideologia que o conceito pseudocientífico de verossímil envolve:

> O consumo literário e a ciência literária passam ao lado da produtividade textual; só atingem um objeto modelado segundo seu próprio modelo (sua própria programação social e histórica) e nada conhecem além do conhecimento (de si mesmos) [129].

Para que a produtividade textual não seja deslocada em benefício do querer-dizer que remete, fingidamente, à verdade objetiva, o verossímil deve ser desmistificado:

> ser verossímil nada mais é que ter um sentido. Ora, sendo o sentido (além da verdade objetiva) um efeito interdiscursivo, o efeito verossímil é uma questão de relação de discursos [129].

No que concerne ao discurso realista maravilhoso, a relação semântica dos discursos se entende como a *semelhança* entre o discurso realista maravilhoso e o discurso sobre o real maravilhoso. A projeção deste referente semiotizado não disjuntivo sobre aquele faz-se pelo *efeito de se assemelhar* (uma sintaxe), obtível pela não disjunção das isotopias contraditórias. Na busca desse efeito, o discurso realista maravilhoso se obriga a constituir o natural como não natural e o sobrenatural como não sobrenatural. O encantamento procede do comportamento ambíguo que o discurso impõe às isotopias: no mesmo momento em que o natural (o sobrenatural) se comporta como não natural (não sobrenatural), ele se converte em não natural (não sobrenatural). Desta forma, o verossímil do realismo maravilhoso consiste em buscar a reunião dos contraditórios, no gesto poético radical de tornar verossímil o inverossímil. Para legitimar esse impossível lógico, o texto aciona uma retórica específica que, em última

---

performance narrativa – foi-nos sugerida por dois ensaios de Kristeva, "A produtividade..." e "Poesia e negatividade", do mesmo volume já citado. Apesar de que a Autora não fala do poético no primeiro ensaio, mas do "literário" (como todo discurso "de nossa civilização fonética", 126), a noção do verossímil como "grau retórico do sentido" [132] pode filiar-se ao conceito do poético do segundo ensaio: espaço onde o "Não-Ser se entrelaça ao Ser" [170], num duplo movimento, para o referente e o não-referente. A ambivalência poética consiste, para Kristeva, em afirmar a existência de uma não existência – vale dizer, em nossos termos, em tornar verossímil uma não contradição.

168

instância, consiste em organizar, pelo efeito de semelhança, a cumplicidade entre as palavras e o universo semântico.

É neste ponto exato — em que a produtividade textual visa tornar verossímil o próprio processo que conduz ao efeito de se assemelhar — que se pode testar a qualidade poética do realismo maravilhoso. A retórica dos elementos "contantes" deve ser o objeto necessário para a verificação da abertura do poético para a substância do conteúdo. Romances como *Hombres de Maíz* (1949), de Miguel Ángel Asturias, ou *Los pasos perdidos* (1953) de Alejo Carpentier, entre outros, oferecem excelente material diegético que verossimiliza (poetiza) a concepção da "América mágica" pela relação não disjuntiva dos códigos realista (da tradição romanesca ocidental) e maravilhoso (das mitologias indígenas). Mas aqui nos contentaremos com um exemplo simples para ilustrar essa proposta.

O conto "El camino de Santiago", de Carpentier, presta-se bem a demonstrar a "verossimilização" do real maravilhoso pelos elementos contantes[13]. No relato das peripécias de um anônimo soldado espanhol, um "Juan", se lê a extraordinária aventura histórica da colonização da América. Saindo de Antuérpia, de um estabelecimento militar espanhol do século XVI, Juan se dirige inicialmente para Santiago de Compostela, onde pretende cumprir a promessa feita ao apóstolo, por sua cura da peste bubônica. No trajeto detém-se em Burgos, onde conhece um "indiano" que lhe conta os prodígios americanos; fascinado com as possibilidades de riqueza e experiências insólitas para um europeu, desvia-se do caminho proposto, para dirigir-se a Sevilha, onde a Casa da Contratação o registra para ir ao Novo Mundo. Chegando a Cuba, verifica a falsidade das estórias ouvidas, decepciona-se diante da crueza da realidade americana, mas desfruta da beleza da paisagem tropical e das delícias de uma sociedade anacrônica, heterogênea e sem normas rígidas. Mas a nostalgia da Europa e o arrependimento pelo não cumprimento da promessa o devolvem ao Velho Continente, e, em Burgos, outra vez, desiste de ir a Santiago de Compostela, para transformar-se num novo e embusteiro contador de lendas americanas.

O "contado" é uma mera viagem por dois continentes, em que o peregrino-pícaro João alterna o propósito religioso com a cata de aventuras. Mas o sentido implícito dessa experiência individual faz do conto uma espécie de anticrônica do Novo Mundo: a colonização não é o resultado do ímpeto cristão, mas da mitificação da realidade histórica e a aventura do herói "rea-

---

13. O conto faz parte do já citado *Guerra del tiempo*, 15-76.

lista" constitui, insolitamente (ao contrário da Épica), a força propulsora da História. O real, a História da América, ascende à categoria do maravilhoso, pela exemplaridade (e repetibilidade) da experiência particular. A não contradição dessa tese é igualmente postulada pelo texto: assim como a História produz o Mito, também o Mito produz a História. O João-indiano que conta as lendas ao João-peregrino faz da sua vivência histórica um mito para impulsá-lo à colonização.

Deixando de lado a conotação ideológica que a não disjunção Mito/História tem no discurso americanista (e, especialmente, como já vimos no ideário de Carpentier), nos interessa assinalar como o plano formal da diégese desenvolve a circulação dos termos da relação não disjuntiva "substancial", tornando verossímil na linguagem a imbricação dos dois sistemas contraditórios, o real e o maravilhoso.

A retórica da diégese é construída, basicamente, pela repetição de uma matriz funcional, programada pela situação de carência espiritual de Juan. A instauração do querer do herói se faz pela intervenção de entidades sobrenaturais (visões e milagres de Santiago), investida num projeto reparatório (a peregrinação ao túmulo do Apóstolo); a atualização desse projeto é desviada, ora pelas tentações materiais (vinho, mulheres, jogo de azar, dinheiro), ora pela tentação do maravilhoso (as lendas americanas). A conseqüência é sempre a mesma: o castigo, sob a forma de doença, que engendra a mesma carência, o mesmo querer de pagar a promessa, mesmo desvio, mesmo castigo, etc.

Nesse sintagma circular se observa que as alterações da fábula se realizam pela mediação de dois tipos de motivação: uma realista (as tentações materiais) e outra maravilhosa (milagres e lendas americanas). A alternância, e depois a concorrência dessas motivações constituem uma retórica "contante", que expressa narrativamente o "contado" — o prodígio de colonizar um imenso território pelo impulso do Mito).

Qualquer episódio do conto pode ilustrar a estrutura sintática da dupla motivação. O capítulo IV, por exemplo, descreve o processo da mudança de projeto do herói-pícaro em meio à vertiginosa feira popular de Burgos:

> El ánimo de ir rectamente a la catedral se le ablanda al sentir el humo de las frutas de sartén, el olor de las carnes en parrilla (...) hay el *vino* de los odres cargados en borricos (...)
> Cansado de verse zarandeado, Juan el Romero se detiene, ahora, ante unos ciegos parados en un banco, que terminan de cantar la portentosa historia de la Arpía Americana (...) Escapando de la Arpía Americana, Juan se ve llevado a la Isla de Jauja, de la que se tenían noticias, desde que Pizarro hubiera conquistado el Reino del Perú (...) Pero Juan,

prevenido contra embustes de indianos, piensa ahora que ciertos embustes pasaron a ser verdades [31-35].

O fulgurante momento em que João decide ir ao Novo Mundo se caracteriza pela absorção das duas motivações – a princípio paralelas ou disjuntivas. Reunidas pelo significado da *embriaguez* (dos sentidos e da razão) que assume a decisão do herói, a extraordinária aventura da colonização ganha aqui uma interpretação que torna verossímil a concepção carpentieriana da História da América: uma "crônica do real maravilhoso" (Prólogo a *El reino de este mundo*). As lendas (El Dorado, Amazonas, Ilha de Jauja, seres monstruosos, Fonte da Eterna Juventude) empurram o europeu para o Novo Mundo, mas o desengano não desilude outros aventureiros, "embriagados" de prodígios. O João-indiano volta ao Velho Continente e se converte num contador de fábulas para iludir outros cristãos-peregrinos e pícaros em potencial. O destino sisifeano dos aventureiros é a condenação perpétua de todo forjador do maravilhoso: sua tarefa (útil-inútil) consiste em narrar para fazer crer no que eles próprios não crêem (no que não se crê).

Ao mesmo tempo que o conto torna verossímil o inverossímil (o Outro Sentido: o Mito move a História e a História produz novos Mitos), se narra *como* o real maravilhoso da substância do conteúdo se torna verossímil na sintaxe não disjuntiva das motivações. Espetáculo verossímil, o texto se mostra como exercício retórico da própria teoria da verossimilhança: um trabalho de persuasão que confere *status* de verdade ao não existente.

Mas, para o leitor – a quem a narração destina o seu objeto forjado – interessa menos a falácia ideológica do real maravilhoso, do que a sua conversão na verdade poética do realismo maravilhoso.

BIBLIOGRAFIA

1. Sobre o "realismo mágico" e o "real maravilhoso"

ALAZRAKI, Jaime. "Para una revalidación del concepto realismo mágico en la literatura hispanoamericana. *Homenaje a Andrés Iduarte*. Salmon, Indiana. The American Hispanist, 1976, 9-21.

ALEGRÍA, Fernando. "Alejo Carpentier: realismo mágico". *Literatura y revolución*. México. Fondo de Cultura Económica, 1970.

BORGES, Jorge Luis. "El arte narrativo y la magia". *Discusión*. Buenos Aires, Emecé, 1961.

FLORES, Angel. "Magical realism in Spanish American Fiction". *Hispania*, vol. 38, nº 2, maio 1955, 187-92.

GONZÁLEZ ECHEVARRÍA, Roberto. "Isla a su vuelo fugitiva: Carpentier y el realismo mágico". *Iberoamericana*, nº 86, jan.-mar., 1974, 9-64.

LEAL, Luis. "El realismo mágico en la literatura hispanoamericana", *Cuadernos Americanos*, vol. 153, nº 4, 1967, 230-5.

MACÍAS DE CARTAYA, Graziela. "Lo real-maravilloso en la novela *El siglo de las luces*". *Horizontes*, nº 25, 1971, 5-15.

MERREL, Floyd. "The ideal world in search of its reference: an inquiry into the underlying nature of magical realism". *Chasqui*, vol. 4, nº 2, fev., 1975, 5-16.

RATHKE, Ewald. "Magical Realism and the Metaphysical". CARRÁ, Massimo (ed.) *Metaphysical Art*. New York, Praeger, 1971, 181-202.

RINCÓN, Carlos. "Sobre Alejo Carpentier y la poética de lo real maravilloso americano". *Casa de las Américas*, nº 89, mar.-abr., 1975, 40-65.

ROH, Franz. *Realismo mágico. Postexpresionismo*. Madri, Revista de Occidente, 1927.

RODRÍGUEZ MONEGAL, Emir. "Lo real y lo maravilloso en *El reino de este mundo*. *Iberoamericana*, nº 76-77, jul.-dez., 1971, 619-49.

———. *Borges: uma poética da leitura*. São Paulo, Perspectiva, 1980.

SANTANDER, Carlos. "El tiempo maravilloso en la obra de Alejo Carpentier". *Estudios filológicos*, nº 4, 1968, 107-30.

USLAR PIETRI, Arturo. "El cuento venezolano". *Letras y hombres de Venezuela*. México, Fondo de Cultura Económica, 1948.

VALBUENA BRIONES, Ángel. "Una cala en el realismo mágico". *Cuadernos Americanos*, vol. 166, nº 5, set.-out., 1969, 233-41.

VOLEK, Emil. "Realismo mágico: notas sobre su génesis y naturaleza en Alejo Carpentier". *Nueva narrativa hispanoamericana*, vol. III, nº 2, set., 1973, 257-74.

2. *Sobre literatura e cultura latino-americana*

ABELLÁN, José Luis. *La idea de América: origen y evolución*. Madri, Istmo, 1972.

ASTURIAS, Miguel Ángel (entrevista a Gunther Lorenz). "Diálogo con Miguel Ángel Asturias". *Mundo Nuevo*, nº 43, jan., 1970, 35-51.

ANDERSON IMBERT, Henrique. *Veinte cuentos hispanoamericanos del siglo XX*. New York, Appleton-Century Crofts, 1956.

———. *Historia de la literatura hispanoamericana*. México, Fondo de Cultura Económica, 1965, 2 vols.

ALEGRÍA, Fernando. *Breve historia de la novela hispanoamericana*. México, de Andrea, 1966.

ARGUEDAS, José María. *Formación de una cultura nacional indoamericana*. México, Siglo XXI, 1975.

ARRIGUCCI JR., David. *O escorpião encalacrado*. São Paulo, Perspectiva, 1973.

ÁVILA, Affonso. *O lúdico e as projeções do mundo barroco*. São Paulo, Perspectiva, 1971.

BARRENECHEA, Ana María. *La expresión de la irrealidad en la obra de Borges*. Buenos Aires, Paidós, 1967.

BELAUNDE, Víctor Andrés. *Bolívar y el pensamiento político de la revolución hispanoamericana*. Madri, Cultura Hispánica, 1959.

BLANCO, José Joaquín. "Quetzalcóatl vs Huichilobos". *Suplemento de Siempre!* (La cultura en México), nº 735, 9 mar., 1976.

BOSI, Alfredo. *Historia concisa da literatura brasileira*. 2ª ed., São Paulo, Cultrix, 1975.

BUENO, Salvador e FERNÁNDEZ RETAMAR, Roberto. *Nossa América*. Lisboa, Seara Nova, 1973.

CÂNDIDO, Antonio. "Literatura y subdesarrollo". *América Latina en su literatura*. México, Siglo XXI, 1972, 335-53. [Trad. bras.: "Literatura e Subdesenvolvimento" em *América Latina em sua Literatura*, São Paulo, Perspectiva, 1979, 343-62.]

CAMPOS, Haroldo de. *Morfologia do Macunaíma*. São Paulo, Perspectiva, 1973.

174

CARPENTIER, Alejo (entrevista a Miguel Roa). "Alejo Carpentier tras diez años de silencio". *ABC,* 2 fev., 1975, 30.

CHANG RODRÍGUEZ, Ernesto. *La literatura política de González Prada, Mariátegui y Haya de la Torre.* México, Studium, 1957.

CÓLON, Cristóbal. *Diario.* 2ª ed., Madri, Cultura Hispánica, 1972.

CORTEZ, Irlemar Chiampi. "Narração e metalinguagem em *Grande Sertão: veredas".* *Língua e literatura,* nº 2, 1973, 63-91.

COSTA, João da Cruz. *Contribuição à história das idéias no Brasil.* 2ª ed., Rio de Janeiro, Civilização Brasileira, 1967.

DORFMAN, Ariel. *Imaginación y violencia en América.* Santiago de Chile, Universitaria, 1970.

FUENTES, Carlos. *La nueva novela hispanoamericana.* México, Joaquín Mortiz, 1969.

FRANCO, Jean. *La cultura moderna en América Latina.* Trad. Sergio Pitol. México, Joaquín Mortiz, 1971.

FRIEDMANN DE GOLDBERG, Florinda. "Estudio preliminar a *El reino de este mundo".* Buenos Aires, Librería del Colegio, 1975, 9-44.

GIACOMAN, Helmy (ed.). *Homenaje a Alejo Carpentier.* New York, Las Américas, 1970.

GOIC, Cedomil. *Historia de la novela hispanoamericana.* Valparaiso, Universitaria, 1972.

HALPERIN DONGHI, Tulio. *Historia contemporánea de América Latina.* 3ª ed., Madri, Alianza, 1972.

HENRÍQUEZ UREÑA, Pedro. *Las corrientes literarias en la América Hispánica.* Trad. J. Diez-Canedo. 3ª ed., México, Fondo de Cultura Económica, 1964.

——. *Historia de la cultura en la América Hispánica.* México, Fondo de Cultura Económica, 1966, 8ª ed.,

——. *Obra crítica.* México, Fondo de Cultura Económica, 1960.

HOLANDA, Sergio Buarque de. *Visão do Paraíso. Os motivos edênicos no descobrimento e colonização do Brasil.* 2ª ed., São Paulo, Nacional-USP, 1969.

JOSEF, Bella. *História da literatura hispano-americana.* Petrópolis, Vozes, 1971.

——. *O espaço reconquistado: linguagem e criação no romance hispano-americano contemporâneo.* Petrópolis, Vozes, 1974.

KERSON, Arnold. "El concepto de utopía de Rafael Landívar en la *Rusticatio mexicana".* *Iberoamericana,* nº 96-7, jul.-dez., 1976, 363-379.

LEITE, Dante Moreira. *O caráter nacional brasileiro.* 3ª ed., São Paulo, Pioneira, 1976.

LEZAMA LIMA, José. *La expresión americana.* Santiago de Chile, Universitaria, 1969.

LOVELUCK, Juan e OUTROS. *La novela hispanoamericana.* Santiago de Chile, Universitaria, 1969.

LUDMER, Josefina. *Cien años de soledad: una interpretación.* Buenos Aires, Tiempo Contemporáneo, 1972.

MARIÁTEGUI, José Carlos. *El alma matinal.* Lima, Amauta, 1959.

——. *Siete ensayos de interpretación de la realidad peruana.* La Habana, Casa de las Américas, 1973.

MARTÍNEZ ESTRADA, Ezequiel. *Sarmiento.* 3ª ed., Buenos Aires, Sudamericana, 1969.

MAYZ VALENILLA, Ernesto. *El problema de América.* 3ª ed., Caracas, Universidad Central de Venezuela, 1969.

MILIANI, Domingo. "El dictador: objeto narrativo en *Yo, El Supremo*". *Crítica literaria latinoamericana*, 1976, 103-119.

MÜLLER-BERGH, Klaus. *Alejo Carpentier: estudio biográfico-crítico*. New York, Las Américas, 1972.

——. e OUTROS. *Asedios a Carpentier*. Santiago de Chile, Universitaria, 1972.

MURENA, Héctor. *El pecado original de América*. Buenos Aires, Sur,

O'GORMAN, Edmundo. *La invención de América. El universalismo de la cultura de Occidente*. México, Fondo de Cultura Económica, 1958.

ORTEGA, Julio. *La contemplación y la fiesta. Notas sobre la novela latinoamericana actual*. Caracas, Monte Ávila, 1969.

ORTIZ, Fernando. *Contrapunteo cubano del tabaco y el azúcar*. Barcelona, Ariel, 1973.

PAZ, Octavio. *El laberinto de la soledad*. 4ª ed., México, Fondo de Cultura Económica, 1964.

PICÓN SALAS, Mariano. *De la Conquista a la Independencia*. 4ª ed., México, Fondo de Cultura Económica, 1969.

RAMA, Angel. *Diez problemas para el narrador latinoamericano*. Caracas, Síntesis Dosmil, 1972.

REYES, Alfonso. *Obras completas*. México, Fondo de Cultura Económica, tomo II (1956), tomos XI e XII (1960).

RODÓ, José Enrique. *Obras completas*. 2ª ed., Madri, Aguilar, 1967.

ROJAS, Ricardo. *Obras de* ——. Buenos Aires, La Facultad, 1924.

RODRÍGUEZ MONEGAL, Emir. *El arte de narrar*. Caracas, Monte Ávila, 1968.

——. *Narradores de esta América*, t. I. Montevideo, Alfa, 1969 e t. II. Buenos Aires; Alfa, 1974.

——. *El otro Andrés Bello*. Caracas, Monte Ávila, 1969.

——. *Borges: Uma poética da Leitura*, São Paulo, Perspectiva, 1980.

SALAS, Alberto M. *Crónica florida del mestizaje de las Indias*. Buenos Aires, Losada, 1960.

SÁNCHEZ BARBA, Mario Hernández. *Las tensiones históricas hispanoamericanas del siglo XX*. Madri, Guadarrama, 1961.

SARDUY, Severo. *El barroco y el neobarroco. América Latina en su literatura*. México, Siglo XXI, 1972, 167-84. [Trad. bras.: "O Barroco e o Neobarroco", em *América Latina e sua Literatura*, São Paulo, Perspectiva, 1979, 161-78.]

STABB, Martin. *América Latina en busca de una identidad*. Caracas, Monte Ávila, 1969.

USLAR PIETRI, Arturo. *En busca del Nuevo Mundo*. México, Fondo de Cultura Económica, 1969.

——. "La otra América". *Revista de Occidente*, nº 137, ag. 1974, 1-14.

——. *Veinticinco ensayos*. Caracas, Monte Ávila, 1969.

VARGAS LLOSA, Mario. *García Márquez. Historia de un deicidio*. Barcelona, Seix Barral, 1971.

VASCONCELOS, José. *La raza cósmica. Misión de la raza iberoamericana*. Madri, Aguilar, 1966.

ZAVALA, Silvio. *Ideario de Vasco de Quiroga*. México, El Colegio de México, 1941.

——. *Filosofía de la Conquista*. 2ª ed., México, Fondo de Cultura Económica, 1972.

ZEA, Leopoldo. *El positivismo en México*. México, El Colegio de México, 1943.

——. *América como conciencia*. 2ª ed., México, UNAM, 1972.

——. *Filosofía y cultura latinoamericanas*. Caracas, Consejo Nacional de la Cultura – Centro de Estudios Rómulo Gallegos, 1976.

3. Crônica, ficção e ensaio hispano-americano (somente as obras citadas no trabalho).

ACOSTA, Joseph de. *Historia natural y moral de las Indias*. 2ª ed., México; Fondo de Cultura Económica, 1962.

ARGUEDAS, Alcides. *Raza de bronce*. 5ª ed., Buenos Aires, Losada, 1972.

ARGUEDAS, José María. *Yawar fiesta*. Santiago de Chile, Universitaria, 1968.

——. *Los ríos profundos*. 4ª ed., Buenos Aires, Losada, 1973.

ASTURIAS, Miguel Ángel. *El señor presidente*. 24ª ed., Buenos Aires, Losada, 1976.

——. *Hombres de maíz*. 6ª ed., Buenos Aires, Losada, 1968.

BORGES, Jorge Luis. *El idioma de los argentinos*. Buenos Aires, Gleizer, 1928.

——. *Inquisiciones*. Buenos Aires, Proa, 1925.

——. *Otras inquisiciones*. 2ª ed., Buenos Aires, Emecé, 1964.

——. *Ficciones*. 4ª ed., Buenos Aires, Emecé, 1965.

——. *Historia universal de la infamia*. 11ª ed., Buenos Aires, Emecé, 1972.

CABRERA INFANTE, Guillermo. *Tres tristes tigres*. Barcelona, Barral, 1969.

CARPENTIER, Alejo. *El reino de este mundo*. 3ª ed., Montevidéu, Arca, 1968.

——. *Guerra del tiempo*. 4ª ed., México, Cia. General de Ediciones, 1967.

——. *Los pasos perdidos*. 2ª ed., Montevidéu, Arca, 1968.

——. *El siglo de las luces*. Buenos Aires, Galerna, 1967.

——. *Tientos y diferencias*. Montevidéu, Arca, 1967.

CONTRERAS, Francisco. *El pueblo maravilloso*. Paris, Agencia Mundial de Librería, 1927.

CORTÁZAR, Julio. *Las armas secretas*. 7ª ed., Buenos Aires, Sudamericana, 1968.

CORTÉS, Hernán. *Cartas de relación. Historiadores primitivos de Indias*, t. I, vol. 22, Madri, Biblioteca de autores españoles, 1946.

DÍAZ DEL CASTILLO, Bernal. *Historia verdadera de la conquista de Nueva España*. Barcelona, Sopena, 1970.

DONOSO, José. *El obsceno pájaro de la noche*. 4ª ed., Barcelona, Seix Barral, 1974.

GALLEGOS, Rómulo. *Doña Bárbara*. 28ª ed., Buenos Aires, Espasa-Calpe, 1971.

GARCÍA MÁRQUEZ, Gabriel. *Cien años de soledad*. 9ª ed., Buenos Aires, Sudamericana, 1968.

GARCILASO DE LA VEGA, Inca. *Comentarios reales de los incas. Obras completas*. Madri, Biblioteca de autores españoles, tomo II (1963), tomo III (1960), tomo IV (1965).

GUIRALDES, Ricardo. *Don Segundo Sombra*. 34ª ed., Buenos Aires, Losada, 1974.

177

ICAZA, Jorge. *Huasipungo*. 4ª ed., Buenos Aires, Losada, 1968.
LEZAMA LIMA, José. *Paradiso*. 3ª ed., México, Era, 1973.
MIER, Fray Servando Teresa de. *Memorias*. 2ª ed., México, Porrúa, 1971.
ONETTI, Juan Carlos. *El pozo*. Montevidéu, Arca, 1967.
———. *La vida breve*. Buenos Aires, Sudamericana, 1968.
PAZ, Octavio. *Corriente alterna*. México, Siglo XXI, 1967.
———. *Los hijos del limo*. Barcelona, Seix Barral, 1974.
POPOL VUH. *Libro del Consejo de los indios quichés*. 2ª ed., Buenos Aires, Losada, 1969.
PUIG, Manuel. *Boquitas pintadas*. 8ª ed., Buenos Aires, Sudamericana, 1971.
RIVERA, José Eustasio. *La vorágine*. 12ª ed., Buenos Aires, Losada, 1971.
ROSA, João Guimarães. *Grande sertão: veredas*. 6ª ed., Rio de Janeiro, José Olympio, 1968.
RULFO, Juan. *Pedro Páramo*. 6ª ed., México, Fondo de Cultura Económica, 1964.
———. *El llano en llamas*. 8ª ed., México, Fondo de Cultura Económica, 1967.
SARMIENTO, Domingos Faustino. *Facundo*. 6ª ed., Buenos Aires, Losada, 1974.
VILLAVERDE, Cirillo. *Cecilia Valdés. Novela de costumbres cubanas*. México, Porrúa, 1972.
YÁÑEZ, Agustín. *Al filo del agua*. 3ª ed., México, Porrúa, 1961.

4. *Teoria literária, Semiótica e Lingüística* (somente as obras citadas no trabalho).

ALEXANDRESCU, Sorin. "Le discours étrange". *Sémiotique narrative et textuelle*. Paris, Larousse, 1973, 55-95.
ALONSO, Dámaso. *Poesía española*. Madri, Gredos, 1957.
ARISTÓTELES. *Poética*. Trad. Eudoro de Sousa. Porto Alegre, Globo, 1966.
BAKHTIN, Mikhail. *La poétique de Dostoievski*. Trad. I. Kolitcheff. Paris, Du Seuil, 1970.
BARTHES, Roland. "Introduction à l'analyse structurale des récits". *Communications*, nº 8, 1966, 1-27.
———. "L'effet de réel". *Communications*, nº 11, 1968, 84-9.
———. *Elementos de semiologia*. Trad. I. Blikstein. São Paulo, Cultrix, 1971.
BELLEMIN NOEL, Jean. "Notes sur le fantastique (textes de Théophile de Gautier)". *Littérature*, nº 8, dez. 1972, 3-23.
BESSIÈRE, Irène. *Le récit fantastique. La poétique de l'incertain*. Paris, Larousse, 1974.
BOSI, Alfredo. "Imagem, discurso". *Discurso*, nº 5, 1974, 65-85.
BREMOND, Claude. "Le message narratif". *Communications*, nº 4, 1964, 4-32.
———. "La logique des possibles narratifs". *Communications*, nº 8, 1966, 60-76.
CAILLOIS, Roger. Prefácio a *Anthologie du fantastique*. Paris, Gallimard, 1966.
CIXOUS, Helène. "La fiction et ses fantômes. Une lecture de l'*Unheimliche* de Freud". *Poétique*, nº 10, 1972, 199-216.

178

CORTÁZAR, Julio. "Del sentimiento de lo fantástico". *La vuelta al día en ochenta mundos*. 4ª ed., México, Siglo XXI, 1968, 43-8.

DELEUZE, Gilles. *Logique du sens*. Paris, Minuit, 1971.

DUBOIS, J. e OUTROS. *Rhétorique générale*. Paris, Larousse, 1970.

ECO, Umberto. *As formas do conteúdo*. Trad. P. de Carvalho, São Paulo, Perspectiva, 1974.

GENETTE, Gérard. *Figures II*. Paris, Du Seuil, 1969.

——. *Figures III*. Paris, Du Seuil, 1972.

GOLDMAN, Lucien. *Pour une sociologie du roman*. Paris, Gallimard, 1964.

GREIMAS, Algirdas Julien. *Sémantique structurale*. Paris, Larousse, 1969.

——. *Du sens. Essais sémiotiques*. Paris, Du Seuil, 1970.

——. "Pour une théorie du discours poétique". *Essais de sémiotique poétique*. Paris, Larousse, 1972, 5-24.

HAMON, Philippe. "Qu'est-ce qu'une description?" *Poétique*, nº 12, 1972, 465-87.

——. "Un discours contraint". *Poétique*, nº 16, 1973, 411-45.

HJELMSLEV, Louis. *Prolegomènes à une théorie du langage*. Trad. V. Canger. Paris, Minuit, 1971. [Trad. bras.: *Prolegómenos a uma Teoria da Linguagem*, São Paulo, Perspectiva, 1975, Estudos, 43.]

JOLLES, André. *Formes simples*. Paris, Du Seuil, 1972.

KAYSER, Wolfgang. "Qui raconte le roman?" *Poétique*, nº 4, 1970, 498-510.

KRISTEVA, Julia. *Le texte du roman*. Paris, Mouton, 1970.

——. *Introdução à semanálise*. Trad. L. H. França Ferraz. São Paulo, Perspectiva, 1974.

LEVIN, Samuel. *Linguistic structures in poetry*. The Hague, Mouton, 1962.

LOTMAN, Iuri. *La structure du texte artistique*. Paris, Gallimard, 1973.

LOVECRAFT, Howard Phillips. "Introdução a *Supernatural horror in literature*. New York, Dover, 1973, 3-8.

METZ, Christian. *A significação no cinema*. Trad. J. Cl. Bernardet. São Paulo, Perspectiva, 1972.

PELC, Jerzy. "On the concept of narration". *Semiótica*, III, nº 1, 1971, 2-19.

PÉRIGOT, Bernard. "L'inquiétante étrangeté. Note sur *l'Unhaimliche*". *Littérature*, nº 8, dez., 1972, 100-6.

POUILLON, Jean. *Tiempo y novela*. Trad. I. Cousien. Buenos Aires, Paidós, 1970.

PROPP, Vladimir. *Morphologie du conte*. Trad. M. Derrida, T. Todorov e C. Kahn. Paris, Du Seuil, 1970.

——. *Las raíces históricas del cuento*. Trad. J. M. Arancibia. Madri, Fundamentos, 1974.

RASTIER, François. "Systématique des isotopies". *Essais de sémiotique poétique*. Paris, Larousse, 1972, 80-106.

RIFFATERRE, Michel. "Sémantique du poème". *Cahiers de l'Association Internacionale des études françaises*, nº 23, maio, 1971, 115-33.

ROSSUM-GUYON, Françoise Van. "Point de vue ou perspective narrative". *Poétique*, nº 4, 1970, 476-97.

SCHNAIDERMANN, Boris. "Macunaíma: um diálogo entre surdos". Suplemento literário de *O Estado de São Paulo*, nº 900, ano XIX (27.10.74).

SNELL, Bruno. *La estructura del lenguaje*. Trad. M. Macau de Lledó.

Madri, Gredos, 1966.

TODOROV, Tzvetan, *Introduction à la literature fantastique*. Paris, Du Seuil, 1970. [Trad. bras.: *Introdução à literatura fantástica*, São Paulo, Perspectiva, 1975.]

——. "Poética". *Qué es el estructuralismo?* Trad. R. Pochtar e A. Pink. Buenos Aires, Losada, 1971, 101-71.

——. (ed.). *Théorie de la littérature. Textes des formalistes russes.* Paris, Du Seuil, 1965.

VALESIO, Paolo. "On reality and unreality in language". *Semiotica*, X, nº 1, 1974, 75-92.

VAX, Louis. *L'art et la littérature fantastique*. Paris, P.U.F., 1970.

ZUMTHOR, Paul. *Essais de poétique médievale*. Paris, Du Seuil, 1972.

5. *Geral* (somente as obras citadas no trabalho)

ALEXANDRIAN, Sarane. *The Surrealist Art*. 2ª ed., New York, Praeger, 1975.

BRETON, André. *Manifestos do surrealismo*. Trad. P. Tamen. Lisboa, Moraes, 1969.

DUBOIS, Claude G. *Problèmes de l'utopie*. Paris, Archives des lettres modernes, 1968, nº 85 (1).

DUPLESSIS, Yves. *O surrealismo*. São Paulo, Difusão Européia do Livro, 1963.

FERRATER MORA, José. *Diccionario de filosofía*. 5ª ed., Buenos Aires, Sudamericana, 1965, 2 vols.

FREUD, Sigmund. *Essais de psychanalyse appliquée*. Paris, Gallimard, 1971.

KAHLER, Erich. *La desintegración de la forma en las artes*. Trad. J. Reuter. 2ª ed., México, Siglo XXI, 1972.

LEVI-STRAUSS, Claude. *Anthropologie structurale*. Paris, Plon, 1958.

——. *La pensée sauvage*. Paris, Plon, 1962.

——. *Le totémisme aujourd'hui*. Paris, P.U.F., 1962.

——. *Structures élémentaires de la parenté*. La Haye — Paris, Mouton, 1967.

LOTMAN, Iuri. "Problèmes de la typologie des cultures". J. Kristeva e J. Rey-Debove (ed.). *Essays in Semiotics*. The Hague, Paris, Mouton, 1971, 46-56.

LENK, Kurt (ed.). *El concepto de ideología*. 5ª ed., Buenos Aires, Amorrortu, 1971.

MABILLE, Pierre. *Le miroir du merveilleux*. 2ª ed., Paris, Minuit, 1962.

NADEAU, Maurice. *Histoire du surréalisme*. 2ª ed., Paris, Du Seuil, 1945.

SPENGLER, Oswald. *La decadencia de Occidente*. Trad. M. G. Morente. Madri, Espasa-Calpe, 1923, 2 vols.

TONDRIAU, Julien. *O ocultismo*. São Paulo, Difusão Européia do Livro, 1963.

COLEÇÃO DEBATES
(ÚLTIMOS LANÇAMENTOS)

332. *Ensaios de Atuação*, Renato Ferracini
333. *A Vertical do Papel*, Jurij Alschitz
334. *Máscara e Personagem: O Judeu no Teatro Brasileiro*, Maria Augusta de Toledo Bergerman
335. *Razão de Estado e Outros Estados da Razão*, Roberto Romano
336. *Teatro em Crise*, Anatol Rosenfeld
327. *Teatro no Brasil*, Ruggero Jacobbi.
328. *40 Questões Para Um Papel*, Jurij Alschitz.
329. *Teatro Brasileiro: Ideias de uma História*, J. Guinsburg e Rosangela Patriota.
330. *Dramaturgia: A Construção da Personagem*, Renata Pallottini.
331. *Caminhante, Não Há Caminho. Só Rastros*, Ana Cristina Colla.
332. *Ensaios de Atuação*, Renato Ferracini.
333. *A Vertical do Papel*, Jurij Alschitz
334. *Máscara e Personagem: O Judeu no Teatro Brasileiro*, Maria Augusta de Toledo Bergerman
335. *Razão de Estado e Outros Estados da Razão*, Roberto Romano
336. *Teatro em Crise*, Anatol Rosenfeld
337. *Lukács e Seus Contemporâneos*, Nicaolas Terulian
338. *A Tradução Como Manipulação*, Cyril Aslanov
339. Teoria da Alteridade Jurídica, Carlos Eduardo Nicolletti Camillo

Este livro foi impresso na cidade de Cotia,
nas oficinas da Meta Brasil,
para a Editora Perspectiva.